.

UNE FAMILLE

de

SOLDATS

NOTICE

SUR LA

Famille DE L'ÉGLISE DE LALANDE

BRANCHE D'ALBRET ET D'AGENAIS

1552 à 1855

PAR

MAURICE CAMPAGNE

Ancien Sous-Préfet

BORDEAUX

FERET & FILS ÉDITEURS

15, Cours de l'Intendance, 15

1895

UNE FAMILLE

de

SOLDATS

NOTICE

SUR LA

Famille DE L'ÉGLISE DE LALANDE

BRANCHE D'ALBRET ET D'AGENAIS

1552 à 1855

PAR

MAURICE CAMPAGNE

Ancien Sous-Préfet

BORDEAUX

IMPRIMERIE R. COUSSAU

20, rue Gouvion, 20

—

1895

UNE FAMILLE

de

SOLDATS

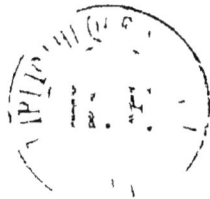

La Branche établie dans l'Agenais porte :
d'azur au croissant d'argent, au chef d'argent chargé
d'un lion naissant, couronne de marquis,
légende : Semper crescendo.

PRÉFACE

En ma qualité d'aîné des petits fils et neveux des deux derniers L'ÉGLISE, je possède la plus grande partie des archives de cette famille dont la branche, fixée en Albret et en Agenais, est aujourd'hui éteinte.

En classant ces archives, j'ai trouvé beaucoup de documents qui m'ont semblé précieux, et je me suis demandé si ce n'était pas un devoir pour moi de les réunir, de leur donner un corps, une véritable valeur, en les groupant dans une petite notice.

J'ai pensé que cela pouvait être utile et bon pour les membres de notre famille, pour nos alliés, pour nos amis et tous ceux qui s'intéressent au passé; pour nos enfants surtout, dont l'éducation se fortifie par les traditions et les exemples, plus encore que par les préceptes.

Nos aïeux valaient mieux que nous. On est porté, je le sais, à trouver le passé meilleur qu'il n'a été et le présent plus mauvais qu'il n'est. Je ne prétends pas tomber dans les exagérations; mais, sans être absolument *Laudator* de l'un et *Contemptor* de l'autre, je pense que pour profiter de son époque, pour être de son temps, il vaut mieux regarder quelques fois en arrière que toujours devant soi. L'homme n'est pas un Dieu et, si l'avenir lui est inconnu, du moins le passé lui appartient. C'est dans le passé seulement qu'il peut puiser de grandes et précieuses leçons.

La famille DE L'ÉGLISE n'a pas été ce que l'on peut appeler une famille illustre. On ne compte, parmi ses membres, aucun de ces hommes dont les actes jettent un grand éclat et consacrent pour toujours le renom brillant d'une race. En remontant à ses origines, on ne rencontre ni grands capitaines, ni grands prélats, ni hauts dignitaires d'aucun ordre ; mais on y trouve, à toutes les époques, partout et toujours, au plus haut degré, l'esprit militaire, l'amour du métier des armes, cette qualité si française qui se confond avec l'amour même de la patrie. C'est une famille de soldats.

Depuis Henri II (et, sans doute, bien avant si on voulait faire des recherches plus profondes) jusqu'à la Révolution, il y a toujours eu, au moins un, très souvent plusieurs, jusqu'à quatre et cinq L'ÉGLISE, en même temps, dans les armées françaises.

Serviteurs dévoués et modestes de leur pays et de leur Roi, appartenant à cette petite noblesse, toujours à la peine et à l'honneur, rarement à la gloire, plus rarement encore aux honneurs, ils vivaient sans éclat sur leurs terres ou dans les camps, le plus souvent chargés de famille, n'obtenant rien ou presque rien des faveurs réservées à la Cour.

Les gentilshommes de province furent les meilleurs serviteurs du Roi et de la France. Ils se donnaient généreusement ; conservaient leurs traditions ; cultivaient leurs domaines pendant la paix ; élevaient, souvent avec peine, de nombreux enfants ; vivaient simplement, mouraient de même. Ils avaient le courage, ils avaient des croyances. Les idées philosophiques passèrent sur eux, sans ébranler leur foi politique et religieuse. Ils restèrent forts, malgré l'esprit délétère soufflé sur le dix-huitième siècle par les doctrines nouvelles, et, s'ils sentirent venir la tempête, ce fut sans craindre et sans faiblir.

Sauf un petit nombre de fats, habitués des salons, favoris de cour et portés aux premiers grades par des intrigues d'anti-chambre, c'est dans ce groupe, surtout dans les rangs moyens de ce groupe, que l'on trouvait alors le plus de noblesse morale. Nulle part en France il n'y avait tant de mérite éprouvé et solide; un homme de génie, Cuvier, qui les a fréquentés dans sa jeunesse, leur a rendu ce témoignage que beaucoup d'entre eux étaient des gens du caractère le plus aimable et de l'esprit le plus élevé. — En effet, pour la plupart, le service militaire n'était pas une car-rière d'ambition, mais un devoir de naissance. Dans chaque famille noble, il était de règle qu'un fils fût à l'armée; peu impor-tait qu'il y avançât. Il payait la dette de son rang; cela lui suffi-sait, et, après vingt ou trente ans de service, une croix de Saint Louis, parfois une maigre pension, etaient tout ce qu'il avait le droit d'attendre. — Sur neuf à dix mille officiers, le plus grand nombre, sortis de la petite et pauvre noblesse provinciale, gardes du corps, lieutenants, capitaines, majors, lieutenants-colonels et même colonels, n'ont pas d'autre prétention. Résignés aux passe-droits, confinés dans leur grade secondaire, ils laissent les très hauts emplois aux héritiers des grandes familles, aux assidus, aux parvenus de Versailles, et se contentent d'être de bons gardiens de l'ordre public et de braves défenseurs de l'Etat. A ce régime, quand le cœur n'est pas très bas, il s'élève : on se fait un point d'honneur de servir sans récompense; on n'a plus en vue que l'intérêt public. . . . .

Nulle part la philosophie pratique, celle qui consiste dans l'es-prit d'abnégation, n'a pénétré plus profondément que dans cette élite méconnue. Sous des dehors polis, brillants, parfois frivoles, ils ont l'âme sérieuse; leur vieil honneur est devenu du patrio-tisme.   (TAINE, la Révolution t. I, page 421).

La noblesse de cour, au contraire, accaparait toutes les faveurs. A elle les beaux bénéfices, les gros privilèges; à elle les dignités et les hauts grades. Hélas! à elle aussi le scepticisme, l'amour immodéré des plaisirs; cette douceur de vivre dont parle M. Taine, et la voluptueuse mollesse et l'élégante dépravation qui préparaient la catastrophe dans laquelle elle sombra avec la royauté

Comme un prisme éblouissant, elle faussait les images ; comme un rideau merveilleusement tissé, aux couleurs chatoyantes, elle cachait aux yeux du monarque les douleurs de son peuple et étouffait ses légitimes doléances. Lorsque les grondements souterrains annoncèrent la prochaine irruption; lorsqu'il fallut enfin, brisant ce prisme, écartant ce rideau, voir, comprendre et écouter, il était trop tard; la noblesse de cour avait tué la Monarchie. Le peuple et l'armée unis au Roi auraient pu la sauver.

C'est dans les camps, et devant l'ennemi, que les gentilshommes d'alors se fortifiaient et oubliaient les corruptions de la cour.

Plus tard, ce fut aux armées de la République que se manifestèrent, précurseurs de l'épopée impériale, ces grandes vertus guerrières, ces merveilleux courages qui, en gardant toutes nos frontières menacées à la fois, masquaient aux yeux de l'Europe les échafauds de la Terreur et les hontes du Directoire. Ponsard l'a dit crûment : ces héros « fouettaient des Prussiens et non des Jacobines.»

De nos jours encore, au milieu des tristesses de ce dix-neuvième siècle expirant, de quel côté devons nous regarder pour ranimer un peu nos espérances et notre foi dans la patrie Française ? Ce n'est pas à l'intérieur, ce n'est pas autour des pouvoirs publics; car là, au milieu de cette Cour d'un autre genre, le veau d'or est debout et rayonne; le veau d'or aujourd'hui vrai roi du monde et son seul Dieu. Prosternée devant lui, une génération entière l'adore, immolant sur son piédestal tout honneur, toute gloire et toute vertu.

Se détournant de ce spectacle odieux, il faut suivre nos soldats, nos marins, jusqu'aux extrémités de l'Orient. C'est là que s'est réfugié l'héroïsme, le désintéressement, avec le devoir et le sacrifice. Après Dieu, c'est en notre armée que nous devons mettre notre suprême espoir. C'est dans son sein que se trouvent, sinon les seuls, du moins les meilleurs serviteurs de la patrie.

Voilà les raisons pour lesquelles, alliant ma piété filiale à l'amour de mon pays, j'ai tenu à mettre en lumière cette famille de soldats, à faire revivre ces braves gens qui, pour prix des services rendus, du sang versé, ont trouvé leur récompense, non point dans la gloire et dans la fortune, mais dans le seul accomplissement de leur devoir, laissant à leurs descendants le plus beau des titres : un nom sans tache ; le plus beau des patrimoines : l'honneur.

Je termine ce préambule en transcrivant ici trois documents qui prouveront, mieux que mes paroles, combien les droits acquis, les titres les plus incontestables sont peu de chose pour prétendre aux faveurs humaines. Ils auront en outre l'avantage de faire connaître, avant l'étude généalogique de cette belle famille, quelle était sa situation au siècle dernier.

Le 8 février 1766, M. DE L'ÉGLISE DE LALANDE, Chevalier de Saint-Louis, ancien capitaine au régiment de Champagne, habitant Saint-Barthélemy en Guyenne, adresse la supplique suivante au Ministre Secrétaire d'Etat au Département de la Guerre.

Monseigneur, sans protections ni connaissances, soit à la Cour soit à la Ville, j'ose me déterminer à m'adresser à vous, comme le protecteur des pauvres militaires, et la seule ressource à laquelle je puisse recourir, avec confiance, pour demander une grâce, qui vous paraîtra juste parce qu'elle est, je crois, conforme aux intentions du Roi.

Il est question, Monseigneur, d'une place à l'Ecole militaire pour un de mes fils et d'une autre place à Saint-Cyr pour une de mes filles. J'ai actuellement onze enfants, dont je suis fort embarrassé eu égard à ma petite fortune, et ma femme est très avancée dans sa grossesse. Depuis six ans je m'épuise pour soutenir mon

fils aîné, à la suite du corps royal de l'artillerie, où il est des premiers aspirants à La Fère. En sorte que les dix autres sont auprès
de moi à la campagne, sans pouvoir les en sortir pour leur faire
donner un peu d'éducation, dont la plupart seraient bien suscep-
tibles.

Voici, Monseigneur, sur quoi je me fonde pour obtenir la grâce
que je vous demande : sur ma noblesse, sur mes services, ceux de
mon père, ceux de ses frères et, s'il était nécessaire de remonter
plus haut, je puis prouver également que nous servions nos Rois,
de père en fils, depuis plus de deux cents ans, sans compter la
bonne volonté que j'ai d'engager, autant qu'il me sera possible,
tous mes autres fils à embrasser le même métier que nous avons
tous fait. Mais, à mesure que ma famille augmente, et qu'elle
grandit, je me trouve moins en état d'envoyer, comme mon aîné,
mes fils dans des pensions et mes filles dans des couvents.

Qu'il vous plaise donc, en grâce, Monseigneur, faire accorder
à un de mes fils une place à l'Ecole militaire, et une autre place à
Saint-Cyr pour une de mes filles.

J'ai l'honneur, etc........

Cette supplique resta s ns effet. Le 25 octobre 1770 le
même L'ÉGLISE adresse un placet au Ministre d'Etat con-
trôleur général des Finances, Abbé de Terray :

> Monseigneur.......
>
> .... Daignez observer que présentement j'ai treize enfants
tous vivants et bien portants, dont aucun n'est entré en Religion,
et pour lesquels mes sollicitudes et mes dépenses augmentent,
nécessairement, à mesure qu'ils avancent en âge. Je n'ai reçu
aucune modération ni décharge sur mes impositions, pas même de
ma capitation noble qu'on me presse de payer, avec menace de
frais. J'en ai instruit notre nouvel Intendant — Point de réponse —
A qui donc puis-je m'adresser, Monseigneur, pour ressentir quelques bienfaits du Roi qui veut bien venir au secours des familles
nombreuses, particulièrement de la pauvre Noblesse.
>
> Il en est peu je crois qui en aient plus besoin que la mienne,
n'ayant qu'un fonds rural et casuel qui, à force de travail, peut à
peine produire, dans les bonnes années, trois mille livres de
revenu. Sur quoi, il me faut soutenir mon fils aîné, sous-lieutenant

dans le régiment de Champagne et payer une pension pour mon fils second au Collège de Condom. Cela fait, mes facultés ne me permettent plus de rien faire pour les autres, que de les envoyer chez un mauvais régent de village..............................

Je pense avec raison que la plus grande fortune que je puisse laisser à mes enfants, surtout dans ma position, serait une éducation honnête, désirant avec passion, qu'ils deviennent bons sujets, utiles à l'Etat, à l'exemple, j'ose le dire, de notre famille qui continue, de père en fils, depuis deux cents ans, à se sacrifier au service du Roi.

Ce considéré, Monseigneur, il vous plaise etc.......

Le 18 avril 1782, il envoie à M. le Marquis de Ségur, Ministre Secrétaire d'Etat à la Guerre, le mémoire suivant :

Monseigneur, L'ÉGLISE DE LALANDE, Ecuyer, ancien capitaine au régiment de Champagne, Chevalier de Saint-Louis, âgé de soixante dix ans, habitant la ville de Saint-Barthélemy, subdélégation de Marmande, prend la liberté d'adresser à Votre Grandeur son mémoire à l'égard de ses services :

A commencé de servir dans la compagnie des Cadets Gentils-hommes, à Metz en 1732 — A joint par ordre du Roi, ensemble avec les dits Cadets de bonne volonté, l'armée d'Italie où il a été fait officier dans le régiment de Champagne, au commencement de 1734 — Il était à la bataille de Parme, où il porta le drapeau blanc, à celle de Guastala, aux attaques de Colonno et de Secchia. Il a été fait Capitaine dans le dit régiment, le 1er août 1742, et commanda sa compagnie à la retraite de Prague. Il se trouva à l'attaque de la redoute à Rhinwillers, à celle des lignes de Wissembourg, aux sièges de Namur, Fribourg et Charleroy, à la bataille de Raucoux, à celle de Fontenoy. Il a été reçu Chevalier de l'ordre de Saint-Louis, le 22 février 1747, par M. de La Courneusve, Gouverneur de l'Hôtel Royal des Invalides. Il était la même année à la bataille de Lawfeld. Il s'est retiré du régiment pour des raisons de famille, sans pension de retraite qui lui serait bien nécessaire, dans la situation où il se trouve à cause de sa nombreuse famille composée de treize enfants. Les deux aînés sont officiers dans le régiment de Champagne, un autre dans celui d'Austrasie. Ce dernier a eu le malheur d'être pris, avec sa com-

pagnie, en allant avec son régiment à l'Ile de France, par des
corsaires anglais qui l'ont entièrement pillé et ne lui ont laissé
que ce qu'il avait de plus mauvais sur le corps. Rentré en France,
il a reçu des ordres pour s'embarquer à Brest, ce qu'il a fait le
19 mars de l'année dernière, pour aller rejoindre son régiment à
l'Ile de France avec les autres compagnies qui avaient été prises
aussi. Il a fallu l'équiper une seconde fois, le secourir, et tout
cela a bien coûté au suppliant qui n'est pas riche. Si par ces
considérations il vous plaisait, Monseigneur, venir à son secours,
en lui faisant goûter quelque bienfait du Roy, le suppliant vous
enverrait des certificats authentiques pour justifier son exposé etc.

A la suite de ces diverses réclamations rien absolument
ne lui fut accordé.

Ainsi voilà le chef d'une famille qui, depuis plus de deux
siècles, sert son pays dans les armées ; un vieux gentilhomme accablé de charges, qui a fait toutes les campagnes
de son temps, qui a élevé treize enfants, dont trois sont
sous les drapeaux ; et ce fidèle serviteur demande en vain
une petite compensation à tant de sacrifices, une faible
récompense pour tout ce dévouement. Quel désenchan-
tement ! Quelle amertume !

Mais telle est encore, à cette époque, dans les âmes
bien trempées, dans les cœurs solides, la force des principes et des convictions, que ce vieillard crie quand
même : vive le Roi !

Il ne récrimine pas, se soumet en silence, et la personne
du Monarque, avec laquelle se confond et s'identifie la
patrie elle-même, lui apparaît tellement au dessus des
intrigues et des injustices dont il est victime, qu'il persiste
à croire au Roi, à croire à la France, comme il croit à
Dieu.

J'avais pour la personne du Roi un sentiment difficile à définir:
...... C'était un sentiment de dévouement avec un caractère
presque religieux, un respect inné, comme dû à un être supérieur.

Le mot *Roi* avait alors une magie et une puissance que rien
n'avait altéré dans les cœurs droits et purs. Cette fleur de sensation..... existait encore dans la masse de la nation, surtout parmi
les gens bien nés qui, placés à une assez grande distance du pouvoir, étaient plutôt frappés de son éclat que de ses imperfections.

(*Mémoires du Maréchal* MARMONT, t. I, p. 24).

AVANT-PROPOS

---•---

A la fin de l'année 1819, M. DE L'ÉGLISE DE LALANDE, chef de la famille, lieutenant-colonel en retraite à Saint-Barthelemy, s'adressa au bureau général de la noblesse de France, alors sous la direction de M. de Saint-Allais, pour avoir des renseignements sur les origines de sa famille. Il lui fut répondu à la date du 5 janvier 1820.

Monsieur, la famille de L'ÉGLISE, originaire du Comtat Venaissin, m'est parfaitement connue et je pense bien que vous pouvez avoir une origine commune avec elle, quoique cependant vous ayez des armoiries différentes, ce qui n'est pas sans exemple dans l'ordre de la noblesse. Mais comme vous avez siégé dans ce corps, à l'assemblée de 1789, veuillez m'envoyer tout simplement la liste que vous avez en main de l'Assemblée Baillagère d'Agen et cela me suffira. Alors on pourra insérer, dans la première série qui paraîtra, l'article que vous trouverez ci-joint et que je vous prierai de me retourner sans délai, attendu qu'il a nécessité des recherches et un certain travail. Son insertion sera du prix de soixante francs.

Agréez....., etc. ...   *Signé* : DE SAINT-ALLAIS.

Copie de l'article contenu dans la lettre :

DE L'ÉGLISE : famille très ancienne, originaire du Comtat Venaissin, qui a fourni plusieurs officiers distingués au service des Rois et formé des alliances avec les Maisons les plus considérables du Royaume. Une de ses branches s'est transplantée dans le duché d'Albret et en 1705 dans l'Agenais. Elle a fourni, dès l'an 1552, plusieurs capitaines gouverneurs du château de Castelneau-de-Cernes et, entre autres, un capitaine d'une compagnie de gens de pied qui rendit des services signalés au Roi Henry IV, d'après des lettres patentes en date du 11 mais 1596. Elle compte beaucoup de ses membres dans l'ordre de Saint-Louis et un grand nombre de capitaines depuis Henry IV. La dite Branche a été convoquée à l'Assemblée du Baillage d'Agen en 1789. Elle est représentée de nos jours par : ETIENNE DE L'ÉGLISE, lieutenant-colonel, chevalier de Saint-Louis ; par autre ÉTIENNE, chevalier DE L'ÉGLISE, ancien capitaine au régiment de Champagne, chevalier de Saint-Louis, frère du précédent; par PIERRE DE L'ÉGLISE, autre frère, ancien capitaine au régiment d'Austrasie ; et par autre PIERRE DE L'ÉGLISE, fils de ce dernier, tous les quatre actuellement vivant et habitant le département de Lot-et-Garonne en 1820.

Les armes de cette Maison sont : *tiercé en face au 1 d'azur à trois fleurs de lis d'or, au 2 d'argent, à l'église de gueule, au 3 de gueule plein.*

La Branche établie dans l'Agenais porte : *d'azur au croissant d'argent, au chef d'argent chargé d'un lion naissant, couronne de marquis, legende : Semper crescendo.*

M. DE L'ÉGLISE ne jugea pas, sans doute, que l'insertion de cet article fût nécessaire, ou le trouva insuffisant, car il ne figure point dans l'important ouvrage de M. de Saint-Allais.

En 1824, l'année même de sa mort, M. DE L'ÉGLISE s'adresse de nouveau au bureau général de la noblesse, dirigé alors par M. le Chevalier de Courcelles, ancien magistrat, historiographe, et cette fois pour obtenir des lettres de confirmation de noblesse.

Le chevalier de Courcelles, à la date du vingt avril, lui répond que cette demande doit se faire par la voie d'un référendaire près la commission du sceau, et le met en rapport avec M. de Bray de Valfresne, rue Louis le-Grand, 6.

Celui-ci écrit le 11 mai 1824 à M. DE L'ÉGLISE :

Monsieur, je suis charmé de devoir à M. le chevalier de Courcelles l'avantage d'être en relations avec vous et je vous assure
de mon empressement à vous être utile.

Vous désirez, Monsieur, des lettres de confirmation de noblesse
et vous annoncez que votre famille a joui pendant deux cents ans,
sans interruption, des privilèges de la noblesse; que vos ancêtres
ont été maintenus par les intendants de province dans les dits
privilèges.

Nous n'avons pas besoin, pour avoir des lettres récognitives,
d'établir votre origine du Comtat Venaissin, ni de rechercher le
titre primordial. Il faut seulement faire reposer, sur trois pièces
portant qualifications nobles, la preuve de chaque degré, pendant
cent ans au moins, et Sa Majesté vous accordera des lettres de
confirmation de noblesse...

Suit le détail des pièces à produire et des frais de chancellerie et d'honoraires.

Les pièces furent envoyées, trouvées plus que suffisantes
par M. de Valfresnes qui instruisit immédiatement la
demande et adressa le 28 juin la lettre suivante :

Monsieur, j'ai fait d'après l'examen de vos pièces un travail
que j'ai communiqué et sur lequel on m'a répondu qu'il ne pouvait vous convenir de solliciter des lettres de confirmation et
maintenue d'un droit que vos pièces rendent incontestable et que
ce serait affaiblir cette possession.

Je crois entrevoir le motif qui vous porte à solliciter ces lettres:
vous voudriez qu'elles énonçassent vos services. Il faudrait une
faveur particulière, dont nous avons peu d'exemples, et qu'il fût
dérogé à la rédaction générale.

- Mais pourquoi, Monsieur, ne demanderiez vous pas le titre de
Baron? Avez vous des enfants? Votre position, dont vous ne
m'avez pas *tout à fait* rendu compte, vous permet *peut être* d'as-
pirer à cette faveur. Mais les droits à payer seraient *peut être* fort
élevés. Ils sont de *trois mille neuf cents francs* réglés par les
ordonnances, non compris les *honoraires* et *droits d'obtention*
qui nous concernent.

Les obligations imposées par les ordonnances sont de rendre les titres héréditaires par l'institution de majorats. Il faut justifier de quinze mille livres de revenu.

Veuillez me répondre, lorsque vous aurez fait vos réflexions, car, dans le cas où vous retireriez vos pièces, vous m'embarrasseriez beaucoup pour vous proposer un règlement et j'aimerais mieux avoir à réclamer de vous ce que nous accordent les règlements lorsque j'aurai pu vous être réellement utile.

J'ai l'honneur....., etc....

Cette lettre, un peu trop commerciale, produisit sur M. DE L'ÉGLISE un effet tout contraire à celui que pouvait espérer son auteur. Au lieu de se laisser séduire par ces propositions alambiquées et flatteuses, dont l'acceptation n'aurait pas ajouté la moindre valeur à ses titres incontestés, mais simplement fait un vide de cinq ou six mille francs dans son portefeuille, il retira immédiatement ses pièces, sans se préoccuper de l'embarras que cette décision pouvait causer à M. de Valfresnes, et se fit remettre, après avoir versé entre ses mains la somme de cinquante francs pour frais d'examen, le reçu suivant :

J'ai reçu de M. Dardancourt, pour compte de M. DE L'ÉGLISE, la somme de cinquante francs, pour droits perçus à raison d'examen des pièces et introduction de requête qui a dû être présentée en son nom, mais que des considérations particulières ont porté M. DE L'ÉGLISE à faire retirer; les lettres qu'il eut sollicitées ne pouvant qu'affaiblir, en rendant douteuse, une possession de noblesse qui ne peut lui être contestée.

Signé : L. LE BRAY DE VALFRESNES.

Je dois dire cependant que la note de M. de Saint-Allais, que nous avons vue plus haut et qui ne fut pas insérée dans son ouvrage, figure dans celui de M. le Chevalier de Courcelles.

Que demandait-on en somme à la famille de L'ÉGLISE pour lui faire octroyer une consécration officielle inutile et des titres qu'elle ne songeait pas à revendiquer ? Beaucoup d'argent d'abord. En second lieu, la justification, assez modeste, d'une possession centenaire de ses qualifications nobles.

De l'argent. — Elle n'en avait peut-être pas assez pour le gaspiller en vaines satisfactions d'amour propre, et le plaisir de retrouver son nom et ses armes dans un ouvrage héraldique ne lui semblait pas devoir se payer de telle façon. Elle avait soldé d'avance au prix du sang, sur les champs de bataille, le droit de figurer dans ce grand Armorial, qui n'a ni rédacteur complaisant, ni éditeur rapace, et qu'on appelle le livre d'or de nos gloires militaires.

Des Titres. — On lui en réclamait moins et elle en avait davantage. Nous le verrons plus loin.

Pour établir la généalogie des L'ÉGLISE, telle que je l'aurais voulue, il me manque malheureusement des pièces importantes, des titres très précieux qui passèrent en Angleterre, dans les papiers d'un membre de la famille qui s'expatria, pour fuir les tracasseries dont il fut l'objet, à la révocation de l'Édit de Nantes. Le fait est constaté dans les notes que j'ai sous les yeux.

Je n'ai donc utilisé aujourd'hui que les documents qui se trouvent entre mes mains, les ayant reçus comme un doux héritage. Je n'ai pas voulu me livrer à de longues recherches qui m'auraient entraîné au delà de mon but. J'aurais pu fouiller les bibliothèques et les minutes des notaires, faire un voyage à Avignon pour retrouver le point de soudure des deux branches, dans ce Comtat Venaissin où il existe encore une famille de L'ÉGLISE fort honorablement connue, ainsi que me l'a appris mon savant voisin,

M. Tamisey de Larroque. Mais comme je n'ai pas de droit
de chancellerie à toucher pour m'indemniser de ces coû-
teux déplacements, je me suis contenté de faire une course
à Casteljaloux, où les archives municipales, fort bien
classées, ont été mises à ma disposition, de la façon la plus
gracieuse, par M. le Maire Dubarry. En compulsant ces
archives, j'ai relevé des renseignements utiles et des dates
qui concordent avec les documents que je possède. Ce
contrôle était nécessaire et m'a pleinement satisfait. Je n'ai
pas crû devoir pousser plus loin mes investigations.
D'ailleurs, ne m'étant jamais occupé de paléogiaphie, cette
science pleine d'attraits, indispensable aux chercheurs, m'est
totalement inconnue. On ne devient pas chartrier du jour
au lendemain. Je veux rester ce que je suis, ce que j'ai
annoncé devoir être au début de cette notice : un petit-fils
qui met un peu d'ordre dans les papiers de ses pères, un
modeste écolier qui achète un cahier pour recopier son
brouillon et le mettre au propre.

Avant d'établir la généalogie de la famille DE L'ÉGLISE,
j'ai quelques dates à préciser et je veux aussi présenter
quelques observations personnelles qui ne sont pas sans
importance.

Grâce aux archives de Casteljaloux, dont je viens de
parler ; avec les procès-verbaux de séance des Jurades, qu'il
m'a été possible de déchiffrer, j'ai trouvé des L'ÉGLISE,
dans ces assemblées, depuis 1563 jusqu'en 1712, et pour
ainsi dire sans interruption.

Je donne les noms, les titres et les dates tels que je les
ai relevés :

DE L'ÉGLISE, premier Consul en 1563, de même
en 1576.

De L'ÉGLISE, Jurat de 1589 à 1592.

Pierre de L'ÉGLISE, Capitaine, Consul en 1593 et 1594.

Monseigneur de L'ÉGLISE, premier Consul, de 1595 à 1598.

Pierre de L'ÉGLISE, Jurat en 1601, Consul en 1602, 1614, 1628.

Etienne de L'ÉGLISE, Capitaine, et François de L'ÉGLISE, Avocat en Parlement, sont ensemble dans la Jurade, depuis 1629 jusqu'en 1662.

On en trouve encore un en 1665 jusqu'en 1678 ; un autre en 1696 et 1712.

A partir de cette époque, leur principale résidence est à Saint-Barthélemy de Laperche où nous les retrouverons.

En même temps qu'eux, on voit figurer dans ces assemblées, et à peu près aux mêmes dates, les représentants des vieilles familles auxquelles ils sont alliés, entre autres, les Despeyron, de Sollier, du Castaing, de Mothes de Labéziade, etc....

Le dernier de ces Messieurs qui ait rempli des fonctions municipales à Casteljaloux est le Chevalier de L'ÉGLISE, en 1808, dont le beau-père, M. de Mothes de Labéziade, fut Maire de cette commune, de 1804 à 1828.

Voilà certes une chronologie sérieuse, un droit de cité comme on n'en saurait trouver de mieux établi. Mais les Jurades comptaient dans leur sein beaucoup de bourgeois et le fait d'avoir siégé, même pendant des siècles, dans ces assemblées, ne saurait constituer, à lui seul, un titre et un droit de noblesse. Pour découvrir ce titre et ce droit, il faut regarder ailleurs que dans les parchemins du munnicipe, où les signatures pénibles de nos pères prouvent qu'ils tenaient mieux l'épée que la plume.

En consultant les mémoires du Maréchal de Montluc, et

autres auteurs ses contemporains, on constate que les places de Capitaines de gens à pied n'étaient données, à cette époque, qu'à des personnes de qualité et de la plus ancienne noblesse.

Or nous trouvons déjà au XVIe siècle, par provision du Roi Henry II, du 24 mars 1552, un NICOLAS DE L'ÉGLISE pourvu de cette place et un autre PIERRE DE L'ÉGLISE remplissant le même office, ainsi qu'il résulte des lettres patentes du Roi Henry IV en sa faveur, datées du 11 mars 1596.

Cela laisse présumer naturellement que cette famille, ayant possédé deux de ces grades pendant le XVIe siècle, était déjà ancienne et distinguée au XVe, en état de faire ses preuves et d'avoir rang à la Cour.

A cette première présomption s'en ajoutent d'autres plus fortes encore.

Si rien ne me permet de déterminer l'époque à laquelle les L'ÉGLISE vinrent se fixer en Albret ; si je n'ai en mains aucun titre pouvant démontrer, d'une façon indiscutable, leur établissement dans ce Duché avant le commencement du XVIe siècle ; si, sur ce point, j'en suis réduit aux conjectures, aux inductions, je crois du moins que ces conjectures et ces inductions ont une grande valeur. Je vais les faire connaître.

Je les tire d'un testament, et comme cette pièce a, à mon avis, une grande importance, je la transcris à peu près en entier.

Extrait du testament de NICOLAS DE L'ÉGLISE, Trésorier général de la Recepte générale du Duché d'Albret, fait en 1563, dans sa maison de la ville de Casteljaloux, dans lequel testament il nomme son frère PIERRE DE L'ÉGLISE, Chanoine de Casteljaloux, et sa femme MARGUERITE DE JAUSSELIN, tuteurs et curateurs de ses enfants PIERRE et ANTOINE DE L'ÉGLISE, ses enfants légitimes et de la dite dame DE JAUSSELIN.

Le dit Seigneur Testateur donne et lègue à PIERRE DE L'ÉGLISE son fils aîné, les maisons, terres, jardins, prés, bois, vignes, terres aubaièdes, que le dit Seigneur Testateur tient et possède dans la juridiction du dit Casteljaloux et dans les paroisses de Poussignac et de Pindères en y comprenant le moulin à blèd, sis en la dite paroisse de Pindères, sans néanmoins y comprendre son village appelé de Mothes que le dit Seigneur Testateur donne en jouissance à son dit frère, sa vie durant, apiès laquelle le dit héritage, appelé de Mothes, sera rendu et retournera avec ses appartenances et dépendances à ses dits enfants PIERRE et ANTOINE DE L'ÉGLISE. — Aussi, le dit Seigneur Testateur donne et lègue à PIERRE DE L'ÉGLISE son dit fils, tous et chacun, les biens qu'il tient et possède, dans la ville et juridiction de Cazenauve, comme sont, maisons, jardins, terres, prés, bois, vignes, ayrial, avec ses moulins appelés de la Case et de Caussedieu, avec toutes leurs appartenances.

Et après, le dit Seigneui testateur a donné et légué, donne et lègue, au dit ANTOINE DE L'ÉGLISE son dit fils et de MARGUERITE DE JAUSSELIN, sa femme, la maison qui lui appartient qui est assise dans la ville de Bazas, avec la terre et le jardin qu'il a au dit Bazas, en y comprenant les villages et héritages appelés de Dupujeau, maisons et jardins, prés, bois, vignes avec leurs appartenances quelconques.

Et d'avantage, le susdit Seigneur testateur a donné et légué, donne et lègue au dit ANTOINE DE L'ÉGLISE son dit fils, tous et chacun, les biens qu'il tient et possède dans la juridiction d'Aillas ; comme sont, maisons, jardins, prés, bois, vignes, terre, en y compienant le moulin que le dit Seigneur testateur tient et possède dans la dite juridiction d'Aillas.

Aussi a dit, déclaré, voulu et ordonné le dit Seigneur testateur que s'il se trouve qu'il aye d'autres biens, immeubles, droits, noms, raisons et actions outre ce qui est expécifié ci-dessus, par son présent testament, il veut et ordonne qu'ils soient et appartiennent à ses dits enfants par égale part et portion et tant à l'un qu'à l'autre.

Et d'avantage, le dit Seigneur testateur a légué, laissé et donné à la dite MARGUERITE DE JAUSSELIN dame sa femme, après le décés du dit Seigneur testateur, vienne à convoler y celle Jausselin à secondes nosses ou non, tous et chacun, ses biens qu'il

tient et possède et lui appartenant ès lieu, paroisse et juridiction
de Roailhan, Rocquetaillade et Farques, comme sont maynes
appelés de Guillaumet, Lauchay et autres petits biens égarés par
les dites juridictions, pour du tout faire par la dite JAUSSELIN,
à son plaisir et volonté......, etc......

Voilà assurément l'œuvre d'un bon père et d'un bon
époux; mais la conclusion que je veux tirer de ce document n'est pas sentimentale. Ce testament a, à mes yeux,
une autre portée.

Est-il possible d'admettre, un seul instant, qu'un homme
qualifié comme l'est NICOLAS DE L'ÉGLISE dans cet acte
de dernières volontés; qui occupe, au début du XVIe siècle
la situation importante de Trésorier Général du Duché
d'Albret; qui a un frère Chanoine et qui peut disposer de
biens aussi considérables que ceux dont il vient de nous
donner la nomenclature; est-il possible, dis-je, d'admettre
que cet homme soit le premier gentilhomme de sa race?
Certes non. A cette époque, les titres et la fortune ne
pouvaient, comme de nos jours, s'acquérir en quelques
années; les prébendes et bénéfices ecclésiastiques ne s'ac-
cordaient pas facilement; les femmes avaient, en général,
très peu ou pas de dot. Donc le testament ci-dessus prouve
surabondamment, à défaut de titres antérieurs, que
NICOLAS DE L'ÉGLISE était déjà de vieille noblesse en 1500
et sa famille depuis longtemps en possession de domaines
considérables.

C'est sous la réserve et sous le bénéfice de ces observations que je donne la généalogie de la famille DE
L'ÉGLISE.

GÉNÉALOGIE

§ I

NICOLAS I DE L'ÉGLISE

Du 24 mars 1552, lettres patentes du Roi Henri II, expédiées en faveur de NICOLAS DE L'ÉGLISE pour être capitaine d'une compagnie de gens à pieds, commandant du château de Castelneau-de-Cernes — Pourvu au dit office par la mort de Janot de la Borde, écuyer.

Du 25 décembre 1553, dans la ville de Casteljaloux en Albret, testament du dit noble NICOLAS, Seigneur DE L'ÉGLISE, dans lequel il prend le titre de Trésorier général de la Recepte du Duché d'Albret et institue pour héritiers ses deux fils PIERRE et ANTOINE DE L'ÉGLISE et assigne, à son fils aîné PIERRE, tous les biens qu'il possède dans la juridiction de Casteljaloux, paroisses de Poussignac et de Pindères, dont les descendants du dit PIERRE DE L'ÉGLISE étaient encore en possession il y a soixante ans, en partie du moins.

NICOLAS DE L'ÉGLISE, ainsi que son frère l'abbé
DE L'ÉGLISE, chanoine de Casteljaloux, jouissaient,
auprès du Roi de Navarre, d'une grande faveur. Ils
avaient son estime et sa confiance. La preuve en est
dans plusieurs lettres de ce prince à eux adressées.
Une note trouvée par M. DE L'ÉGLISE, lieutenant-
colonel en retraite à Saint-Barthélemy, relevée par lui
dans un renvoi, mais dont l'original a malheureusement disparu, constatait, d'accord avec les vieilles
traditions de Casteljaloux, qu'un L'ÉGLISE, père ou
oncle du dit NICOLAS I avait été écuyer de la Reine
Anne de Navarre et un autre, également père ou
oncle, grand Sénéchal et grand Prévost- Royal du
Bazadais; un troisième, oncle ou frère, avait été tué à
la bataille de Dreux, en 1562, à la tête d'une compagnie.

§ II

PIERRE I DE L'ÉGLISE

Pierre de L'ÉGLISE, fils aîné du précédent, fervent calviniste, a des démêlés avec le Parlement de Bordeaux très hostile à ceux de la Religion réformée. Ne pouvant obtenir justice, il en réfère au Roi Henry IV.

Par lettres patentes, en date du 11 mars 1596, le Roi accorde à Pierre de L'ÉGLISE l'évocation de toutes ses causes au Grand Conseil et en interdit la connaissance au Parlement de Bordeaux.

Voici les principaux passages de ces lettres patentes.

Henry par la grâce.........., etc............................... à nos aimés et féaux conseillers, tenant notre Grand Conseil, salut et dilection.

Notre bien aimé Pierre de L'ÉGLISE, capitaine d'une compagnie de gens de pied, étant en garnison en notre ville de Casteljaloux et commandant, pour notre service, au château de Castelneau-de-Cernes, nous a fait remontrer que feu notre très honoré Seigneur et frère, le Roy dernier décédé, avait établi des chambres au ressort des Parlements pour décider des différents de ceux de la Religion prétendue réformée, suivant les édits de pacification, lesquels depuis auraient été révoqués par édit de juillet 1585...

Nous aurions y celui cassé et annulé et déclaré que nous voulons et entendons que les édits de pacification fussent gardez et observez,..

Le dit exposant étant de la Religion prétendue réformée et à cause de ce, odieux à notre Cour de Parlement de Bordeaux, ne pouvant avoir justice des procès qu'il a pendants et lui sont journellement suscités, tant civilement que criminellement, nous a fait supplier lui octroyer évocation en notre dit Grand Conseil de tous les procès et différents qu'il a et pourra avoir par cy après pendants en notre dite Cour de Parlement de Bordeaux. Nous à ces causes..........., etc.

ÉTIENNE I DE L'ÉGLISE

———————•◆•———————

U 1ᵉʳ août 1610 contrat de mariage de noble
ETIENNE DE L'ÉGLISE, capitaine, fils de
noble PIERRE I DE L'ÉGLISE et demoiselle
MARTHE DE BOISSOL. Ce contrat fut passé devant
Mᵉ DE LARUFFIE notaire royal à Nérac. Signèrent, entre
autres, noble PIERRE DE L'ÉGLISE neveu d'ETIENNE
futur époux, NICOLAS DE L'ÉGLISE, avocat en Parle-
ment, son cousin germain, LABAN DU CASSE, DE
FLAMBRIN, DE BUGAREL, DE BÉNIN, DU RAY, DE BURAC
D'ESCURAN, DE CERBAL.......

Du 12 mars 1653, contrat de mariage entre noble
SEIGNERON DE SOLLIER fils de feu PIERRE SEI-
GNERON DE SOLLIER, en son vivant avocat en
Parlement, et de damoiselle JEANNE DE BORDES ; et
damoiselle MARTHE DE L'ÉGLISE fille de noble
ETIENNE DE L'ÉGLISE et de feue MARTHE DE
BOISSOL. Toute la noblesse de Casteljaloux signa au
contrat.

Du 20 juin 1655, donation faite par le dit noble
ETIENNE DE L'ÉGLISE, capitaine, de tous ses biens
en faveur de son fils NICOLAS DE L'ÉGLISE, Seigneur
de BUJOUX.

Dans tous les actes Etienne de L'ÉGLISE prend la qualité de capitaine, depuis le 1er août 1610 jusqu'en 1655, ce qui fait au moins quarante-cinq ans de services.

Etienne de L'ÉGLISE avait eu aussi une autre fille Jeanne qui épousa Pierre MURAC, jurat de la ville de Gontaud.

Une fille Marthe et un fils Jean-Pierre naquirent de ce mariage.

Du 13 juin 1661, devant Maysonnade, notaire royal à Gontaud, contrat de mariage de Jean-Pierre DUVERRIER capitaine, fils de feu Charles DUVERRIER, vivant aussi capitaine, et de Marguerite MOSQUET, habitant la présente ville ; et Marthe MURAC, fille de feu Pierre MURAC et de Jeanne de L'ÉGLISE, habitant aussi la présente ville.

De ce mariage naquirent quatre enfants : Alexandre, Marie-Anne, Charlotte et Isabeau. Cette dernière épousa, le 13 février 1703, François de RICAUD, capitaine au régiment de la Reine. Celui-ci mourut le 7 octobre de la même année, laissant sa femme enceinte. Denis François de RICAUD, fils posthume de François de RICAUD et d'Elisabeth DUVERRIER, se maria avec Marie-Anne GIRARDEAU. Leur fils Laurend de RICAUD, né à Gontaud le 9 décembre 1742, épousa Marguerite de CHAUSENQUE et fut conseiller à la Cour des Aides. Nous le retrouverons plus loin, en correspondance suivie avec son cousin Pierre de L'ÉGLISE, à la fin du XVIIIe siècle.

Du 19 août 1669, contrat de mariage entre Jean-Pierre MURAC (le frère de Marthe), fils de feu Pierre MURAC et de demoiselle Jeanne de

L'ÉGLISE; et demoiselle SUZANNE DE DRÊME, fille de Messire CLAUDE DE DRÊME et de demoiselle JEANNE DE CHAMBONNEAU. Signèrent entre autres : DE L'ÉGLISE BUJOUX, DE SOLLIER, DE MESLON, DE DRÊME, DE RANCE, DEGALZ.

NICOLAS II DE L'ÉGLISE

U 31 mai 1654, contrat de mariage de noble Nicolas de L'ÉGLISE, Seigneur de Bujoux, fils de noble Etienne de L'ÉGLISE et de feue demoiselle Marthe de BOISSOL, avec demoiselle Marie de SOLLIER, (sans doute la sœur de noble de SOLLIER dont le contrat de mariage avec Marthe de L'ÉGLISE est plus haut rapporté.)

NICOLAS II, Seigneur de Bujoux, eut plusieurs garçons qui moururent tous au service du Roi, sauf le plus jeune, Daniel de L'ÉGLISE, sieur de Meilloux ou Lumeilloux, dont nous parlerons ci-après.

L'aîné fut tué à la bataille de Sénef, étant capitaine de grenadiers dans le régiment du Maine. Les autres étaient aussi capitaines, mais leurs commissions ont été perdues et on ne retrouve que celle d'un seul, délivrée à Versailles, par Louis XIV, en 1689, pour une place dans le régiment de Boulonnais, commandé par le colonel Marquis de Vibray. Ce L'ÉGLISE, après avoir servi trente-cinq ou quarante ans, fut tué en Flandre, à la tête d'une compagnie de grenadiers.

Deux de ses cadets furent encore tués au service du

Roi, ce qui porte à quatre le nombre des enfants de NICOLAS II morts à l'ennemi.

Le seul survivant, son plus jeune fils, DANIEL DE L'ÉGLISE, sieur DE LUMEILLOUX se maria seulement en 1705, nous le verrons plus bas.

L'aîné de ces cinq frères, qui fut tué à Sénef, était chargé de faire les enrôlements à Casteljaloux. — La curieuse affiche imprimée que j'ai entre les mains, et que je vais reproduire ici, en fait foi. J'en donne la description et j'en respecte l'orthographe et le style.

Sur un vieux papier qui mesure 35 centimètres de hauteur et 15 centimètres de largeur, se trouve, en tête, l'Ecu de France, très bien reproduit, et au dessous, en très gros caractères :

DE PAR LE ROY

ET MONSEIGNEUR DE SOURDIS,

On fait à scavoir à tous ceux qui voudront prendre party pour le service du Roy, n'auront qu'à s'adresser à M. DE L'ÉGLISE BUJOUX capitaine dans le Régiment du Maine à Casteljaloux ; il leur donnera jusqu'à quatre pistolles d'enrôlement, les habillera de cap à pié ; ils seront bien nourris jusqu'à leur départ et auront congé dans trois ans — Ceux qui luy amèneront un bon soldat auront un escu pour leur peine. Ceux qui craindront d'être pris par force, n'ont qu'à venir trouver le dit sieur DE L'ÉGLISE qui leur donnera de bon argent.

Il a besoin de deux bons valets à gages et d'un chirurgien.

DANIEL DE L'ÉGLISE

ANIEL DE L'ÉGLISE, sieur de LUMEILLOUX, fils du précédent est le seul de ses enfants qui se soit marié — Il fut lieutenant dans le régiment des Vosges, son brevet est du 24 février 1695; fut nommé capitaine dans le même régiment, sa commission est du 8 avril 1703; servit pendant vingt ans, notamment sous le Duc de Vendôme, en Catalogne et en Italie, et se retira après la mort de ses frères.

Au mois de décembre 1700, il fit partie de l'escorte qui accompagna, de Versailles à Madrid, Philippe duc d'Anjou, petit fils de Louis XIV, appelé au trône d'Espagne par le testament de Charles II.

Du 15 février 1705, contrat de mariage de noble DANIEL DE L'ÉGLISE écuyer, sieur DE LUMEILLOUX, capitaine au régiment des Vosges, fils de NICOLAS DE L'ÉGLISE, écuyer, Seigneur de BUJOUX et de feue demoiselle MARIE DE SOLLIER, avec demoiselle MARGUERITE DE BESSE, fille de DANIEL DE BESSE, sieur DE LANIQUE, et de demoiselle FLEURETTE DE LABARTHE — Contrat passé devant Mᵉ DEPLEZIER, notaire royal à Saint-Barthélemy, en Agenais, en la maison de M. DE BESSE. Signèrent : Isabeau de BESSE, Manon de BESSE, de SOLLIER, de SABLA, de

MESLON, Constans de MIREU, DUVERRIER de RICAUD, de la GIRARDIÈRE, DEGALZ, Marie de L'ÉGLISE.....etc...

DANIEL DE BESSE et sa femme, FLEURETTE DE LABARTHE, constituaient à leur fille, par ce contrat, une fortune assez considérable; ils lui faisaient abandon de propriétés importantes et d'une maison à Saint-Barthélemy. — DANIEL DE L'ÉGLISE vint s'y fixer, et c'est ainsi qu'à partir de l'année 1705, nous trouvons la famille DE L'ÉGLISE, établie principalement, à Saint-Barthélemy d'Agenais, jusqu'à nos jours, bien qu'elle ait conservé des intérêts et des collatéraux à Casteljaloux d'Albret. Ce fait ressortira encore plus clairement de la lecture d'une chronique insérée à la fin de cette notice.

Du 30 décembre 1723, cession de 30 escats de fossés joignant les murs de la ville de Saint-Barthélemy, faite au profit de DANIEL DE L'ÉGLISE et de dame MARGUERITE DE BESSE son épouse, par le duc de Roquelaure, Seigneur Baron du présent lieu.

Du 21 janvier 1730, achat fait par noble DANIEL DE L'ÉGLISE, écuyer, sieur DE LUMEILLOUX, ancien capitaine au régiment des Vosges, de noble Descurain de la Grange, capitaine de cavalerie au régiment de Clermont-Prince.

Du 3 mars 1732, sentence de M. de Boucher, Intendant de Guyenne, en faveur de DANIEL DE L'ÉGLISE. — Ce dernier inquiété et poursuivi par le sieur d'Avignon, directeur des Domaines du Roi à Bordeaux, qui voulait lui faire payer un droit de franc-fief, à cause de l'acquisition d'un bien noble, porta sa requête devant l'Intendant de la Province, qui, à la vue de tous les titres produits établissant une possession plus que suffisante, rendit une sentence en faveur de Daniel de L'ÉGLISE; fit main levée des saisies et oppositions, et confirma le requérant dans ses droits et privilèges de la noblesse. Depuis ce temps là, ni lui ni ses héritiers ne furent tracassés.

_ Cette sentence fut rendue, à la vue des titres, d'après la déclaration du Roi, de 1714, concernant la noblesse, qui dit que : « Ceux qui n'auront pas été « condamnés à l'amende comme usurpateurs et qui « remontent, par une filiation noble, jusqu'en 1614, « doivent être reconnus nobles. » C'est ce qu'on appelait la possession centenaire.

On a demandé pourquoi cette famille n'avait pas obtenu d'arrêt de maintenue de noblesse, lors de la recherche de 1696. A cela on a répondu que l'édit de Louis XIV, qui ordonnait cette recherche, disait for- mellement : «... . « ne voulant pas que ceux qui sont officiers de terre « ou de mer soient inquiétés, ni obligés de présenter « leurs titres, quoiqu'ils ne les eussent pas présentés, « lors des dernières recherches..... »

Voilà pourquoi, leur père étant mort, Daniel de L'ÉGLISE et ses frères qui servaient tous en 1689 et en 1696, ce qui est prouvé par la date de leurs brevets et commissions de capitaines, ne se présentèrent pas, l'édit les en dispensant.

Du 22 mars 1732, testament mutuel de noble Daniel de L'ÉGLISE, écuyer, sieur de Lumeilloux, et de dame Marguerite de Besse, son épouse. Ils décla- rent avoir eu pour enfants issus de leur mariage : Etienne, Pierre, Jacques, plus trois filles portant toutes le nom d'Isabeau. Le survivant des cotesta- teurs remettra, léguera et réglera les légitimes et l'hé- rédité à celui de ses enfants que bon lui semblera.

Du 6 août 1745, autre testament de dame MARGUE-RITE DE BESSE, veuve de noble DANIEL DE L'ÉGLISE, écuyer, sieur DE LUMEILLOUX, dans lequel la dite dame établit et nomme pour ses héritiers généraux et universels, ETIENNE et PIERRE DE L'ÉGLISE, ses deux fils aînés, et assigne à ETIENNE, tous les biens meubles et immeubles qui appartiennent, tant à elle qu'à feu son mari, ainsi qu'elle en avait le pouvoir, situés dans la juridiction de Casteljaloux en Albret, et au dit PIERRE son second fils, tous les biens, tant à elle propres et particuliers qu'au dit feu son mari, situés dans la juridiction de Saint-Barthélemy d'Agenais.

Deux de leurs filles entrèrent au couvent de la Visitation à Agen. — La troisième épousa noble GASTON HILAIRE DE CHADOIS. — Les articles du mariage furent rédigés par Me BARRIÈRE, notaire royal, le 3 décembre 1732. — Signèrent entre autres : DE SOLMINAC, DE COURSOU, D'ESTAGET, DE LASSALLE, DE SABARIE, Jacques DE L'ÉGLISE, DE SABLAT, DE SOLLIER, DE BROCAS...., etc.....

Du 6 août 1745, reconnaissance par MARGUERITE DE BESSE, veuve de noble DANIEL DE L'ÉGLISE, écuyer, sieur DE LUMEILLOUX, en faveur de M. le Président D'Albessard. *Signé :* DUPORTAIL, notaire royal.

DANIEL DE L'ÉGLISE eut quatre fils : l'aîné mourut très jeune, lieutenant dans le régiment de Limousin, colonel Saint-Phelippes. Son brevet, délivré par Louis XIV à Marly, est du 23 avril 1722.

Le second entra aussi, comme lieutenant, dans le même régiment et y fut capitaine, le 26 mars 1740, ainsi qu'en témoigne sa commission signée par Louis XV à Versailles, contresignée : de Breteuil.

L'oncle de ces Messieurs, M. DE SOLLIER, était

lieutenant-colonel de ce régiment et brigadier des armées du Roi. — Il est mort dans cette charge sans s'être marié.

Ce second fils de DANIEL DE L'ÉGLISE s'était retiré à Agen. — Par son testament en date du 8 février 1766 il institua, pour son légataire universel, son frère cadet PIERRE DE L'ÉGLISE, dont nous allons parler.

Le troisième, JACQUES-GUILLAUME DE L'ÉGLISE, sieur DE LA BARRIÈRE, est entré, comme lieutenant en second, dans le Régiment de Champagne, colonel marquis de Bellefont, le 15 septembre 1743. Son brevet fut délivré à Fontainebleau et porte le contre-seing de d'Argenson. Capitaine en 1746, il leva une compagnie à ses frais, à Saint-Barthélemy même, fit avec son régiment, les campagnes de Westphalie et de Bohême, ainsi que toute la guerre de sept ans. Reçu chevalier de Saint-Louis, au mois d'août 1760, par le maréchal de Broglie, il se retira en 1768, avec une pension, ayant à ses états de services treize campagnes de guerre.

Le quatrième PIERRE est le seul qui se soit marié.

VI

PIERRE II DE L'ÉGLISE

P IERRE DE L'ÉGLISE, sieur DE LALANDE, Seigneur DE MOIRAX, commença à servir à dix-huit ans. Il entra dans la compagnie des Cadets-Gentilhommes à Metz en 1732. Lieutenant dans le régiment de Champagne en 1733, il était à la bataille de Parme, où il porta le drapeau blanc, à celle de Guastalla, aux attaques de Collonno et de Secchia et fit toutes les campagnes d'Italie. Son brevet de capitaine est du 1er mai 1742. Il a fait en cette qualité, toutes les campagnes d'Allemagne, à cette époque ; s'est trouvé à la célèbre retraite de Prague, à l'attaque de la redoute de Rhinwillers, à celle des lignes de Wissembourg, aux sièges de Namur, Fribourg et Charleroy ; à la bataille de Raucoux et à celle de Fontenoy. Il a été reçu Chevalier de Saint-Louis, le 22 février 1747, par M. de Lacourneusve, gouverneur de l'Hôtel royal des Invalides, et s'est trouvé, la même année, à la bataille de Lawfeld. Après la paix de 1748, il rentra chez lui, pour raisons de famille, et quitta définitivement le service en 1750.

Du 19 février 1748, affranchissement de rentes de la maison, cours, jardins, écuries, etc., de noble PIERRE DE L'ÉGLISE, écuyer, sieur DE LALANDE, capitaine, Chevalier de Saint-Louis, fait, sous le nom de fief de L'Église, par Son Altesse la Princesse de Pons, Elisabeth de Roquelaure, épouse séparée, quant aux biens, de très puissant et très illustre Seigneur, Louis, Prince de Lorraine et de Mortagne.

Par devant les Conseillers du Roi, notaires à Paris, elle donne sa procuration à Jacques DE MELET, Seigneur DE ROCHOMONT.......

« Pour ennoblir à perpétuité la dite maison, sise à
» St-Barthélemy, appartenant à PIERRE DE L'ÉGLISE,
» écuyer, sieur DE LALANDE, etc..... consentir que lui
» et ses successeurs en jouissent à perpétuité, noble-
» ment, avec le droit de girouette, sans aucun devoir
» de rente seigneuriale, foncière ni directe, sauf la
» taille au Roi. »

La procuration fut donnée à Paris, le 24 janvier 1748, et l'acte d'affranchissement dressé par Mᶜ JOLY, notaire royal, le 19 février suivant.

Du 14 octobre 1748, contrat de mariage entre noble PIERRE DE L'ÉGLISE, écuyer, sieur DE LALANDE, capitaine au régiment de Champagne, Chevalier de Saint-Louis, fils de feu DANIEL DE L'ÉGLISE DE LUMEILLOUX et de MARGUERITE DE BESSE, et demoiselle MARIE D'HÉBRARD, fille du sieur JACQUES D'HÉBRARD et de dame CATHERINE DE VASSAL. Signèrent au contrat: VASSAL D'HÉBRARD, DE L'ÉGLISE, DE CHADOIS, SEOVAUD DE VASSAL, DE ROCHOMONT, DESPEYRONS, DE MONTARDIT, DE MELET, etc....... et TESSIER notaire royal.

Mademoiselle D'HÉBRARD, fille unique, se constituait les biens de feu son père, domaines de Montignac, de Viraguet, des Giraudeaux, de Vignasse, etc...... Sa mère, CATHERINE DE VASSAL. qui avait l'usufruit de ces biens, suivant testament de son mari, en date du 6 janvier 1747, abandonnait une partie de cet usufruit à sa fille.

De ce mariage naquirent treize enfants :

1° ÉTIENNE, le 20 juillet 1750.

2° PHILIPPE, le 27 août 1751.

3° CATHERINE, le 9 octobre 1752.

4° ÉLISABETH-MARIE, le 20 décembre 1753.

5° MARIE-URSULE, le 3 mars 1755.

6° MARIE, le 1er juin 1756.

7° MARTHE, le 28 juillet 1757.

8° autre ÉTIENNE, le 6 février 1759.

9° PIERRE, le 3 Octobre 1761.

10° autre PHILIPPE, le 3 février 1763.

11° autre CATHERINE, le 17 mars 1765.

12° autre MARIE, le 10 avril 1768.

13° SOPHIE, le 31 janvier 1770.

Nous verrons plus bas ce qu'ils sont devenus.

PIERRE DE L'ÉGLISE, excellent administrateur, a fait, pendant sa longue possession des propriétés de Saint-Barthélemy, des transactions importantes et fort nombreuses. Il serait long et superflu de rapporter ici, même les principales. Il en est une, cependant, que je ne puis passer sous silence : c'est l'achat de la paroisse de Moirax.

Je vais donner les passages essentiels de cet acte, rédigé par Me GAY, notaire royal de la juridiction de Tombebœuf :

En présence des témoins, a comparu haut et puissant Seigneur, Messire BÉNIGNE, Henry DE SACRISTE, Sire Marquis de TOMBEBŒUF, Seigneur de Grand-Champ, Louesme, Lagrange-aux-Rois et autres lieux, premier lieutenant aux Gardes-Françaises, Chevalier de Saint-Louis, habitant son hôtel, rue de

Bourgogne, Faubourg Saint-Germain et de présent dans son château de Tombebœuf.

Lequel a par ces présentes vendu, à titre de fief et de sous-inféodation, à Messire PIERRE DE L'ÉGLISE, écuyer, Seigneur DE L'ÉGLISE, ancien capitaine au régiment de Champagne, Chevalier de Saint-Louis, habitant de la ville de Saint-Barthélemy, ici présent et acceptant, pour lui, ses hoirs et ayant causes, savoir : la Seigneurie directe, immédiate, avec tous les cens, rentes et prestations annuelles en grains et en argent, qui appartiennent au dit Seigneur DE TOMBEBŒUF, sur tous les fonds qui composent la paroisse de Moirax, dépendant du susdit marquisat et sirie de Tombebœuf et qui en relèvent....................

De tout quoi, le dit Seigneur, sous-inféodataire, pourra jouir, user et s'en faire payer de la même manière que le dit Seigneur Marquis ou ses fermiers faisaient ou pouvaient faire............

..... Demeurent encore compris, dans la dite sous-inféodation, tous les fonds qui sont actuellement vacants et ceux qui pourraient le devenir, avec le droit de chasse, celui d'y établir une boucherie, d'y faire exercer la police...... et encore de placer un banc dans l'église de la dite paroisse, du côté de l'évangile, en face de celui que le dit Seigneur Marquis DE TOMBEBŒUF a et aura le droit d'y avoir...

La dite sous-inféodation demeure faite, moyennant un droit d'entrée de la somme de vingt mille livres, laquelle le dit Seigneur DE L'ÉGLISE a présentement payée, en espèces de cours, au dit Seigneur Marquis DE TOMBEBŒUF et que celui-ci a comptée et retirée par devers lui, dont quittance etc.......

Le 4 février 1788, le roi Louis XVI signait, en faveur de M. DE L'ÉGLISE, des lettres de don de prélation, adressées aux Conseillers tenant la Chambre des comptes à Paris et aux Présidents et Trésoriers de France au bureau des finances à Bordeaux.

Louis par ..... etc..... voulant gratifier notre bien-aimé PIERRE DE L'ÉGLISE DE LALANDE, lui avons fait et lui faisons don du droit de prélation qui nous est dû, à cause de la vente à lui faite, par notre bien-aimé Marquis DE TOMBEBŒUF, de la Seigneurie de Moirax, relevante de nous, par contrat du

5 novembre 1785 cy attaché, sous le contre-scel de notre chancellerie, subrogeant le dit DE L'ÉGLISE DE LALANDE, en notre lieu et place, pour la jouissance dudit droit……..…..…… …

Et vous demandons d'enregistrer les présentes, et de leur contenu faire jouir et user le dit DE L'ÉGLISE DE LALANDE, pleinement et paisiblement, car tel est notre bon plaisir.

Donné à Versailles, *signé*: LOUIS, par le roi; DE BRETEUIL.

L'original de ces lettres est entre mes mains, ce que je ne m'explique guère, car il devrait se trouver aux archives officielles.

A partir de cette époque, M. DE L'ÉGLISE prit le titre de Seigneur de Moirax.

Pour la conclusion de cette affaire, le Marquis DE TOMBEBŒUF dut remettre à M. DE L'ÉGLISE la copie authentique de son contrat de mariage avec haute et puissante demoiselle Charlotte DE BOMBELLES, contrat qui fut signé par LOUIS XVI, MARIE-ANTOINETTE, Madame ELISABETH, MARIE-ADÉLAÏDE, LOUIS-PHILIPPE Duc d'Orléans, LOUIS-PHILIPPE Duc de Chartres, LOUIS-JOSEPH Prince de Condé, et toute la maison de France.

Ce document se trouve dans les archives de la famille, ainsi d'ailleurs que tous ceux dont je parle.

Le 20 Septembre 1771, M. DE L'ÉGLISE fut commis, par le roi, pour recevoir, à la dignité de Chevalier de Saint-Louis, M. Etienne DE CHADOIS, capitaine au régiment de Médoc; de même, le 10 décembre 1789, pour recevoir, dans le même ordre, M. Jacques HÉBRARD, son cousin, lieutenant dans le régiment de cavalerie de Royal-Guyenne.

En 1782, il offrit généreusement au roi les arbres de ses domaines, pour les constructions navales, et reçut, à cette occasion, la lettre suivante:

Monsieur, je réponds à la lettre que vous avez pris la peine de m'écrire, par laquelle vous offrez, gratuitement, au Roi, le choix des arbres de vos domaines qui pourraient être propres au service de la marine.

Cet acte de patriotisme ne peut que lui être très agréable, mais l'intention de sa Majesté n'étant pas d'accepter les offres des particuliers, dans la crainte qu'ils ne prissent sur leur nécessaire pour satisfaire leur zèle, je ne puis que me borner à vous remercier de votre offre.

Je suis très parfaitement, Monsieur, votre très humble et très obéissant serviteur.

Signé : CASTRIES.

La correspondance de M. DE L'ÉGLISE était très importante. Il entretenait des rapports suivis avec ses frères ÉTIENNE et JACQUES, officiers dans les régiments de Limousin et de Champagne ; avec ses fils, dont deux étaient au régiment de Champagne, un autre au régiment d'Austrasie, le quatrième, l'abbé DE L'ÉGLISE, d'abord pensionnaire au séminaire de Saint-Magloire, ensuite chanoine à Monpazier ; avec son cousin M. DE RICAUD, conseiller à la Cour des Aides, qu'il consultait pour ses affaires.

Il eut à soutenir plusieurs gros procès, dont le plus important avec les Solminiac et Dijeon de Monteton, qui n'en restèrent pas moins ses meilleurs amis.

PIERRE DE L'ÉGLISE fut, pendant plusieurs années, premier échevin de Saint-Barthélemy.

Convoqué à l'Assemblée de la noblesse, au Bailliage d'Agen, en 1789, et étant alors malade, il s'y fit représenter par son fils aîné.

Sa longue existence fut bien remplie et il resta toujours à la hauteur de ses grands et nombreux devoirs.

Nous touchons à la Révolution. L'ouragan souffle

et gronde déjà, il va bientôt se déchaîner dans toute sa fureur. Les lettres de ses fils, depuis longtemps chagrines, deviennent, à chaque courrier, plus pessimistes. Les ferments de discorde qui étaient anciens dans le peuple, se sont peu à peu introduits dans l'Armée et la bouleversent. Ce ne sont que désobéissances, mutineries, révoltes. Un esprit nouveau enivre les soldats, le découragement s'empare des chefs. Les événements se précipitent. De concessions en concessions, de chute en chute, la Monarchie roule à l'abîme. Le Roi est prisonnier dans son Palais, en attendant de gravir les sombres degrés de la tour du Temple, auxquels fera suite l'escalier rouge de l'échafaud. L'émigration a commencé; j'y consacrerai un paragraphe spécial.

C'est seulement en 1802, que les deux capitaines du régiment de Champagne, les seuls de la famille qui émigrèrent, purent rentrer à Saint-Barthélemy. Après dix ans d'une cruelle séparation, ils eurent au moins la consolation de retrouver leur vieux père et de lui fermer les yeux, l'année suivante, le 28 prairial an XI (28 juin 1803).

Venu au monde, au déclin de Louis XIV, au moment où le grand Roi s'inclinait vers la tombe, avec la majestueuse grandeur du soleil qui va disparaître, Pierre de L'ÉGLISE meurt à l'époque précise où l'étoile de Bonaparte va devenir l'astre impérial. De l'hermine à la pourpre; entre ces deux puissantes figures du Roi et de l'Empereur, un siècle a fait son œuvre de destruction et de rénovation. Cette époque si tourmentée, à la fois honteuse et héroïque de notre histoire, ce xviiie siècle, raffiné, sceptique et sanglant, Pierre de L'ÉGLISE l'a vécu tout entier. Soldat vaillant dans sa jeunesse, époux et père accompli dans sa maturité, il a élevé treize enfants, a donné ses quatre fils à la France et à Dieu. Vieillard admirable par son courage et sa résignation, dans les dures épreuves qui ont tourmenté ses dernières années, il a quitté ce monde, avec l'auréole du juste, et la conscience d'avoir été un vrai et bon Français.

MARIE D'HÉBRARD, sa femme, était morte, le 2 septembre 1787. Quelques jours avant, le 23 août, elle avait fait son testament. Des treize enfants qu'elle avait eus de son mariage avec PIERRE DE L'ÉGLISE, onze vivaient encore cette année-là. Elle instituait l'aîné, ÉTIENNE, son légataire universel et les dix autres ses héritiers particuliers, laissant à son mari le soin de régler et fixer les droits et constitutions de chacun. Par le même testament elle faisait de très larges libéralités aux pauvres d'Agmé et de Saint-Barthélemy.

Des treize enfants de PIERRE DE L'ÉGLISE, trois sont morts dans leur première jeunesse. Au paragraphe suivant nous nous occuperons d'ÉTIENNE, autre ÉTIENNE et PIERRE.

Je fais connaître ici rapidement les sept autres :

4º L'abbé DE L'ÉGLISE, Chanoine de Monpazier.

5º MARIE-URSULE, mariée, le 28 novembre 1807, à M. DE MOTHES DE LABÉZIADE.

6º ELISABETH, morte non mariée le 7 novembre 1827.

7º CATHERINE, morte non mariée le 21 décembre 1844.

8° MARIE-SOPHIE, mariée à M. le docteur FRAIS-SINÈDE.

9° MARIE, mariée, le 16 juin 1790, à M. PIERRE DE CHADOIS.

10° Autre MARIE, mariée, le 12 brumaire an VI, à M. PAUL-URBAIN DE SÉOVAUD.

Un des petits-fils et un des arrière petits-fils de PIERRE DE L'ÉGLISE, MM. URBAIN DE SÉOVAUD et PAUL DE CHADOIS, nos cousins, ont continué, au XIXᵉ siècle, les belles traditions militaires de la famille.

M. DE SÉOVAUD, officier de cavalerie, fit, avec le Duc d'Angoulême, la campagne d'Espagne et donna sa démission en 1830

M. le Colonel DE CHADOIS, ancien Député, aujourd'hui Sénateur inamovible, a fait les campagnes de Crimée et d'Italie et commandé très brillamment les mobiles de la Dordogne pendant la guerre de 1870-1871.

VII

ÉTIENNE II DE L'ÉGLISE

TIENNE DE L'ÉGLISE DE LALANDE, fils aîné du précédent, naquit le 20 juillet 1750, fut baptisé le 21 du même mois, eut pour parrain ÉTIENNE DE L'ÉGLISE, son oncle, et pour marraine CATHERINE DE VASSAL, son aïeule.

Il commença à servir à la suite du corps Royal de l'artillerie, comme aspirant à La Fère; entra à dix-sept ans dans le régiment de Champagne, sous le colonel Comte de Rastignac; fut successivement lieutenant et capitaine le 2 avril 1782. Sa commission est contresignée par Louis-Joseph de Bourbon, Prince de Condé, Colonel général de l'Infanterie Française. Il fit la campagne de Corse et tint garnison, quelque temps, à Bordeaux au château Trompette.

Il émigra en 1792, et rentra en France en 1802. Nous le retrouverons plus loin pendant cette période de dix ans.

Après la mort de son père, il épousa. le 4 juin 1804, Mademoiselle GENEVIÈVE - CHRISTINE LAFABRIE DE LASILVESTRIE, fille de feu M. FRANÇOIS LAFABRIE DE LASILVESTRIE et de dame JEANNE DE LARAMIÈRE, habitant Villeneuve-sur-Lot, assistée la dite dame sa mère de M. Jean-François LAFABRIE

DE LASILVESTRIE et de dame Aimée LAMOUROUX DE PLÉNESELVE, mariés, ses frère et belle-sœur ; de dame Pétronille DE LARAMIÈRE, veuve de M. DESCORAILLE DE SANGRUÈRE, sa tante ; de M. Jean-François DESCORAILLE DE SANGRUÈRE, son cousin-germain et autres parents et amis.

Le contrat fut passé à Villeneuve, devant Mᵉ BRIET, notaire public.

Sous la Restauration, M. DE L'ÉGLISE, depuis longtemps déjà chevalier de Saint-Louis, fut décoré du Lis, obtint une pension et le grade de lieutenant-colonel, comme récompense de ses services antérieurs. C'était un homme fort distingué, ayant conservé des allures d'ancien régime, très élégant, fort aimable, généreux, le modèle du gentilhomme. Sa correspondance est pleine d'intérêt. Il mourut sans enfants, le 24 octobre 1824, et sa veuve le 21 janvier 1844.

Quoi qu'elle puisse sembler un hors-d'œuvre, je rapporte ici une petite anecdote :

M. DE LASILVESTRIE, frère de Madame DE L'ÉGLISE, fut élu député en 1820. Plein de sollicitude pour la population rurale de son département, il demanda à la Chambre que le second vin, connu dans le Nord sous le nom de *revin*, dans le Midi sous celui de *piquette*, fut dispensé du droit de circulation. Ce mot *piquette* frappa la Chambre qui l'entendait pour la première fois et excita l'hilarité générale. Aussi ses collègues, tout en rendant hommage au zèle de M. DE LASILVESTRIE pour les intérêts des pauvres, le surnommèrent le *député-piquette*.

Dans une autre circonstance, Louis XVIII, pour reconnaître la façon consciencieuse dont il remplissait ses devoirs de Député, lui offrit la croix de la Légion d'honneur. Il la refusa dans la crainte d être soupçonné d'avoir trafiqué de son mandat.

—•◆•—•

Étienne, Chevalier de L'ÉGLISE, frère du précédent, entré dans l'armée en 1775, au même régiment, a des états de services identiques. Les deux frères se sont toujours suivis pas à pas. Nous les retrouverons ensemble à l'émigration.

Le chevalier était, comme son frère, décoré de l'ordre de Saint-Louis. A son retour en France il épousa Mademoiselle DESPEYRON, issue d'une très ancienne famille. Il mourut sans enfants, le 17 septembre 1836, étant en visite chez sa belle-sœur, à Saint-Barthélemy, où il est inhumé, dans un caveau de famille, avec sa femme décédée quelque temps après lui.

—•◆•—•

Pierre de L'ÉGLISE de LA BARRIÈRE, frère des précédents, était né le 3 octobre 1761, et comme tous les siens, comme tous ses aïeux, avait embrassé, de très bonne heure, la carrière des armes.

Il a de fort beaux états de services : engagé volonlontaire au régiment de Médoc, à seize ans, Cadet gentilhomme dans le régiment d'Austrasie, Colonel de Biencourt, le 28 octobre 1779 ; lieutenant le 1er juillet 1789 ; capitaine le 15 septembre 1791, il s'embarqua pour l'Ile de France en 1780. Le bâtiment de transport, sur lequel il était avec sa compagnie, fut pris par des corsaires et conduit en Angleterre. Échangé quelque temps après, embarqué de nouveau à Brest, le 19 mars de l'année suivante, il rejoignit son régiment à Pondichéry où il fit sept campagnes de guerre, tant sur l'escadre de M. de Suffren que dans l'intérieur de la côte de Coromandel. Il s'est trouvé à toutes les affaires auxquelles son régiment a participé et notamment à la bataille de Goudelour, près Pondichéry, le 13 juin 1783, où il se couvrit de gloire.

Pour se rendre un compte très exact de ce que furent ces campagnes de l'Inde et constater notamment l'importance de la bataille si meurtrière de Goudelour, il faut consulter un très intéressant ouvrage qui vient de paraître et que je crois devoir signaler ici. Ce sont les *Mémoires du Chevalier de Mautort* publiés par son petit-neveu le Baron Tillette de Clermont-Tonnerre. M. de Mautort était officier au régiment d'Austrasie et fut blessé à Goudelour aux côtés de M. DE L'ÉGLISE.

Dans cette journée, le régiment d'Austrasie fut décimé en assurant le succès de la bataille. Trente de ses officiers furent tués ou blessés. M. DE L'ÉGLISE conservait pieusement leurs noms que je suis heureux de pouvoir reproduire :

MORTS

MM. de Villeneuve. . .	*Lieutenant-Colonel.*
de Donmartin. . .	
de Boëncourt . . .	
de Lachassagne. .	
Patornay.	
Brulon	*Capitaines.*
La Filolie.	
d'Hamonville. . .	
Prévost	
de Montrouënt. .	

MM. de Bacourt . . . .
     Gros. . . . .
     de Fraize. . . . . .   } *Lieutenants.*
     Pagandet. . . . . .

MM. Mondavid . . . . .
     La Ferté . . . . . .
     de Blémont . . . .   } *Sous-Lieutenants.*
     de Malard . . . . .
     Morin . . . .

BLESSÉS

MM. de Poutet . . . . .
     de Trévet . . . . .   } *Capitaines.*
     de Mautort . . . .

MM. Malart. . . . .
     Ségrois . . . .
     Daiglepierre. . . .   } *Lieutenants*
     Dargy . . . .

MM. Couet de Lorry .
     de L'Église . . . .
     Beaudot . . . . . .   } *Sous-Lieutenants.*
     Lacroix. . . . . . .

Blessé à cette affaire par une balle qui lui traversa
la cuisse, il resta estropié à 22 ans. Il était adoré de
ses soldats et des indiens. Ceux-ci en souvenir de
son long séjour parmi eux, lui remirent, comme un
hommage, au moment de son départ pour la France,
deux curieux et naïfs dessins sur toile et parchemin.
Dans l'un il est représenté allant à la bataille de Goudelour, avec un nombreux cortège de soldats français
et indigènes, de bœufs traînant l'artillerie. d'éléphants,

de chevaux. Dans l'autre on le voit blessé, étendu dans un palanquin, porté par ses hommes. C'est de la peinture assurément très enfantine, mais qui a bien son cachet. J'ai découvert cela au fond d'un vieux tiroir. C'est une heureuse trouvaille, car ce précieux bibelot, dont on avait fait jusqu'ici peu de cas, et que je conserve désormais avec soin, prouve que mon bisaïeul était aussi bon que brave.

De retour en France en 1787, il se maria la même année.

Du 12 juin, à Pardes, commune de Seyches, devant Mᵉ TESSIER, notaire royal, contrat de mariage de noble PIERRE DE L'ÉGLISE DE LABARRIÈRE, écuyer, lieutenant dans le régiment d'Austrasie, fils de PIERRE DE L'ÉGLISE DE LALANDE, écuyer, Seigneur de Moirax, chevalier de Saint-Louis, ancien capitaine au régiment de Champagne, et de dame MARIE d'HÉBRARD — et demoiselle CATHERINE MANET DE PONTUS, fille de feu noble JEAN MANET DE PONTUS et de dame MARIE MILLET DE BELISLE. Signèrent au contrat, après les futurs époux et leurs pères et mères : Pierre DE CHADOIS, écuyer, chevalier de Saint-Louis ; Messire Philippe DE VASSAL, Seigneur baron de Cadillac, oncle du futur époux; noble Jacques MANET DE PONTUS, chevalier de Saint-Louis, oncle de la future épouse; noble Pierre MILLET DE BELISLE, avocat en Parlement, son oncle maternel; noble Jean-Baptiste MILLET DE BELISLE DE PHILIPEAU, maire de la ville de Miramont et tous les frères et sœurs des futurs époux.

Après son mariage, PIERRE DE L'ÉGLISE continua à servir, mais une grave maladie qu'il fit à Thionville, à la fin de l'année 1791, et les suites de sa blessure l'obligèrent à se retirer définitivement en 1792. L'état de sa santé ne lui permit pas de suivre ses frères à l'émigration. Son colonel, M. de Chalup, et son maréchal de camp, M. de La Borde Lesgo, lui délivrèrent les plus élogieux certificats. Il laissa passer la tourmente révolutionnaire. sans s'effaroucher de son nouveau titre de citoyen, commanda même, à la fin, la Garde Nationale et chercha, par son exquise bonté et son influence, à atténuer, le plus possible. autour de lui, les calamités publiques et les souffrances privées. C'était un homme très simple, très affable, ayant une grande finesse d esprit et un grand bon sens. Toutes les personnes qui l'ont connu, ma grand mère, mes grand'tantes, les vieux serviteurs de la famille, ne m'ont jamais parlé de lui qu'avec les plus vifs éloges.

Il mourut à Pardes, le 9 avril 1831, et sa femme le suivit de bien près, le 1ᵉ novembre de la même année. Ils avaient eu deux enfants : un fils. Pierre. né le 11 juin 1788 : une fille Sophie. née le 15 septembre 1794, morte non mariée en 1822.

VIII

PIERRE III DE L'ÉGLISE

IERRE DE L'ÉGLISE DE LALANDE, fils du précédent, vint au monde au moment même où commençait la Révolution. Les berceaux d'alors ne furent point entourés de sourires ni balancés avec de douces chansons. Les mères frémissantes écoutaient la tempête. Les familles menacées attendaient anxieuses l'heure où la crosse des fusils, heurtant aux portes, allait annoncer la captivité et la mort. La poitrine oppressée par cet affreux cauchemar. chacun se demandait quel serait le réveil. Une telle nuit aurait-elle une aurore ? Des jours si noirs auraient-ils un lendemain ? On redoutait de vivre plus encore que de mourir ; on n'osait plus parler ; on n'osait plus prier. Et ce monstrueux despotisme s'exerçait au nom de la Liberté.

Ceux qui naquirent pendant ces années sinistres conservèrent, toute leur vie, la cruelle empreinte, le douloureux souvenir de cette rude époque, mélange hybride d'abjectes bassesses et de stoïques grandeurs, où la lâcheté des uns enfantait l'héroïsme des autres, où les exploits des guerriers ne pouvaient effacer la hideuse besogne des bourreaux.

Lorsque Bonaparte eut balayé notre pauvre sol couvert d'épaves sanglantes, quand l'Empire se leva, soleil radieux éclairant ces ténèbres, on se reprit à l'espérance ; mais notre patrie déchirée n'était point encore aux termes de ses maux ; le châtiment n'était pas complet, ni assez grande l'expiation.

Entraînés par le merveilleux génie d'un homme affamé de victoires, insatiable de conquêtes, des millions de français furent emportés dans la fumée des batailles et tombèrent en acclamant César. Sur les ailes de la gloire ils volaient à l'immortalité ; mais derrière eux, de nouveau, renaissait la tristesse. s'amoncelaient les ruines et tant d immenses sacrifices restèrent sans profit.

Quand le Roi fut rentré sur ce sol envahi où vingt-cinq années de tourmente avaient accumulé tant de malheurs, quand la Restauration eut délivré la France des armées étrangères et pansé ses affreuses plaies, ce fut un renouveau béni, comme un printemps embaumé qui chasse un long et rigoureux hiver.

Le règne de Louis XVIII peut être considéré : « Comme une ère nouvelle de la monarchie, comme » l'époque où tout ce qu'il y avait de possible, dans le » passé, s'est mêlé à tout ce qu'il y avait de possible » dans le présent. » Berryer a dit : « Le Roi Louis » XVIII est venu trop tard et s'en est allé trop tôt ! »

A cette époque, en 1818, M. DE L'ÉGLISE, mon grand père, fit à Paris un séjour de plusieurs mois en compagnie de MM. Faget de Quénefer et de Peyrelongue ses amis. Une grande partie de la correspondance qu'il engagea, pendant son absence, avec plusieurs membres de sa famille, est entre mes mains. Elle contient de curieuses appréciations sur les hommes et les choses, les monuments et les plaisirs de Paris.

Le 25 juin 1821, il épousa LOUISE-CHARLOTTE-EUGÉNIE DE MADAILLAN, de l'illustre maison de ce nom, fille de noble Messire Louis DE MADAILLAN, ancien officier au régiment d'Aunis et de MARIE-THÉRÈSE DE CORNIER.

De ce mariage sont nés :

1° MARIE-LOUISE, le 2 juillet 1822, décédée le 26 novembre de la même année ;

2° CATHERINE-MARIE. le 9 juillet 1826 ;

3° THÉRÈSE-MARIE-ANTOINETTE, le 11 mars 1828 ;

4° LOUISE-MARIE-CLÉMENCE, le 16 mai 1831 ;

5° PIERRE-ÉTIENNE-LOUIS-HENRY, le 26 mai 1832.

Nous retrouverons plus loin les quatre derniers.

PIERRE DE L'ÉGLISE fut longtemps maire de la commune de Peyrière.

Il recueillit de nombreux et importants héritages.

Le 1er thermidor an XI, GUILLAUME DE L'ÉGLISE lui laissa ses biens de Casteljaloux.

En 1814, M. D'HÉBRARD-LAFORÊT, arrière grand-oncle, lui légua le domaine de Brassac.

En 1824, son oncle, le lieutenant-colonel DE L'ÉGLISE, lui légua toutes les belles propriétés de Saint-Barthélemy, réservant l'usufruit à sa veuve Mademoiselle DE LASILVESTRIE.

En 1827. ELISABETH DE L'ÉGLISE, sa tante, lui donna son beau domaine de Montignac.

Plus tard, en 1844, DENIS DE CORNIER. oncle de sa femme EUGÉNIE DE MADAILLAN, donna à son petit neveu, LOUIS DE L'ÉGLISE, la métairie de Larroque.

Dans une période de 30 ans, les biens de la famille

se trouvèrent ainsi considérablement accrus. Aujour-
d'hui ils sont hélas ! par la force des choses, vendus
et dispersés. De tout ce beau patrimoine, il ne reste
que quelques lambeaux recueillis par mon beau-frère
Joseph de VIVIE et mon oncle de VILLERÉAL de
LASSAIGNE.

Pierre de L'ÉGLISE se distinguait par son extrême
bonté et son inépuisable charité. Dans une année de
grande disette, où le blé était très rare et très cher,
non content de distribuer aux pauvres tout celui de
sa récolte, et ne parvenant pas ainsi à soulager suffisamment les misères de sa commune, il en acheta
pour une grosse somme et organisa, dans sa maison
de Pardes, une distribution gratuite de soupe que
tous les indigents venaient manger, chaque jour, dans
un chai transformé en réfectoire.

Ce fut un homme de bien, dans la plus belle accep-
tion du mot, un époux modèle, le meilleur des pères
et un grand chrétien. C'est aux pieds de la croix, à la
clôture d'une mission, donnée à Seyches, qu'il con-
tracta la maladie qui devait l'emporter quelques jours
après, à quarante-six ans, le 12 mars 1835. Il laissait
une jeune veuve inconsolable, chargée, à trente ans,
de l'éducation de quatre enfants en bas âge.

Eugénie de MADAILLAN, ma grand'mère vénérée,
à laquelle je suis heureux d'apporter ici le tribut de
ma piété filiale, fut à la hauteur de sa grande tâche.
Pendant les cinquante-quatre années de son veuvage
elle administra sagement une fortune territoriale considérable, éleva ses enfants avec un soin jaloux ; les
gardant auprès d'elle ; leur donnant des goûts simples :
leur inculquant, avec des principes solides, le sentiment du devoir, l'esprit d'abnégation et de sacrifice.

Je ne saurais mieux faire. pour lui rendre hommage. que de reproduire ici l'éloge funèbre qui lui fut décerné par mon cher et distingué cousin, OSMIN MASSIAS, et que le journal *L'Avenir du Lot-et-Garonne* inséra le 29 juillet 1885 :

Une noble existence vient de s'éteindre : Mᵐᵉ DE L'ÉGLISE DE LALANDE née DE MADAILLAN, a rendu sa belle âme à Dieu à l'âge de 84 ans, après une longue maladie. . . . .

D'elle on peut dire qu'elle a passé en faisant le bien. C'était plus qu'une personne charitable, plus qu'une fée bienfaisante, c'était la Charité elle-même. Une légende s'était faite autour de son nom, légende que le temps consacrera, à laquelle il donne toute sa poésie et tout son charme ; legs pieux que ses dignes héritiers ne laisseront pas tomber en déshérence. Avec quelle délicatesse, quelle ingéniosité elle distribuait ses aumônes ; de quel mystère, de quelles formes aimables elle s'enveloppait pour secourir les infortunes cachées ! Bien loin de paraître revêche, ainsi qu'il arrive parfois, chez elle la vertu était souriante et attendrie. Ah ! ceux qui furent reçus dans sa maison de Pardes, n'oublieront jamais son hospitalité. Je la vois encore affable et gracieuse, préoccupée de chacun et de tous, indulgente à la jeunesse, aimant les gais propos. les réunions nombreuses, adorée de ses serviteurs, de ses parents, de ses amis. Certes, parvenue à un si grand âge, au milieu de sa brillante famille, elle pouvait se croire heureuse et elle l'était en effet, et sa bouche semblait murmurer le *nunc dimittis* du vieillard Siméon. Toutefois les tribulations n'avaient pas manqué à son cœur d'épouse et de mère.

Restée veuve à l'âge de 30 ans, Mᵐᵉ DE L'ÉGLISE fut partagée entre l'administration de ses biens et l'éducation de quatre enfants en bas âge. Pour mener à bien cette double tâche, elle dut déployer des qualités d'intelligence et d'énergie étonnantes chez une jeune femme d'apparence si timide et de caractère si doux. Ses enfants ne la quittèrent jamais, et c'est là, à ce foyer, à ce contact incessant, que se formèrent ces deux femmes d'élite, ces deux mères de famille incomparables dont le nom vient aux lèvres de tous. C'est là où sa fille aînée, sœur de Saint-Vincentde-Paul, que tout le monde vénère à Marmande, puisa ses premières inspirations.

La perte d'un fils tendrement aimé, enlevé dans sa fleur de jeunesse, fut le coup le plus cruel pour cette âme sensible. Dès lors, elle se voua plus spécialement aux œuvres de charité, réfugiée dans sa foi et dans le culte des aïeux. Car elle était de noble et vieille race. Elle était issue du sang des MADAILLAN dont l'ancienneté se perd dans le lointain de nos annales, dont le nom compte parmi les plus beaux de l'Armorial de Gascogne. Mais son désir de s'effacer toujours l'avait éloignée du monde où sa naissance, ses alliances, celles de son mari et l'aimable séduction de ses dons naturels l'eussent fait briller d'un vif éc'at.

Et maintenant elle est dans la clarté. Ayant bien travaillé elle est allé recueillir le prix que le Maître du champ accorde au moissonneur ; elle est allée recevoir la récompense due à tant de mérites et de bonnes œuvres ; trésor inestimable qui, à cette heure suprême, lui aura ouvert toutes grandes les portes du Ciel.

Heureuses les régions où s'écoulèrent de telles existences ; heureuses les familles ou de tels exemples se perpétuent. Pour moi, j'estime que de pareilles figures, si rares dans nos temps troublés, doivent être connues. Aussi la reconnaissance et l'admiration m'ont fait prendre la plume et m'ont inspiré ces éloges qui ne furent jamais plus mérités.

§ IX

LOUIS DE L'ÉGLISE

———— ◆ ◆ ————

Louis de L'ÉGLISE, fils de Pierre III et neveu d'Étienne II de L'ÉGLISE de LALANDE, fut le dernier du nom.

La naissance de Louis de L'ÉGLISE, arrivant après quatre filles, fut accueillie avec une indicible joie. A cette nouvelle. la population de Seyches se transporta à Pardes. Massée sous les fenêtres, elle poussait des cris d'allégresse : vive monsieur de L'Église ! vive le père des pauvres ! et s'associait bruyamment au bonheur intime de cette famille adorée, parce qu'elle avait compris que, sur cet enfant, reposaient désormais toutes les espérances. Émus par les élans de la sympathie populaire, touchés par cette manifestation spontanée des petits et des humbles, les parents rendaient grâces à Dieu de leur avoir envoyé ce fils qui allait être le dépositaire de tant de nobles traditions et qui devait les perpétuer.

Les plus beaux rêves planèrent sur son berceau, les plus riants projets firent cortège à son enfance et l'avenir apparut à ses vingt ans. tout chargé de promesses, comme apparaît une aurore, aux reflets d'or, annonçant un beau jour,

Mais Dieu, dans son dessein. dont notre pauvre nature si imparfaite ne saurait comprendre la sagesse, dissipa tout à coup la fumée de ces rêves, rendit vaines toutes ces belles espérances, et sur cet avenir souriant jeta les voiles de la mort.

Louis DE L'ÉGLISE mourut à vingt-trois ans, à Saint-Barthélemy, le 30 janvier 1855.

En sa personne s'éteignit la famille DE L'ÉGLISE DE LALANDE de la Branche d'Albret et d'Agenais.

On se demandera peut-être comment il se fait que depuis François I⁰ jusqu'à nos jours, c'est-à-dire pendant près de quatre siècles, sous quatorze Rois. deux Empires et deux Républiques, cette famille ne compte que neuf générations. Cela tient d'abord à ce que ceux de ses membres qui ne sont pas morts à l'armée et qui ont fait souche sont généralement arrivés à un grand âge. Ensuite il faut faire observer que ce sont toujours les cadets qui se sont mariés. à l'encontre de ce qui se pratiquait dans presque toutes les familles. Voilà pourquoi les générations sont si espacées.

APPENDICE

LES FILLES

DE

PIERRE III DE L'ÉGLISE DE LALANDE

1° Marie-Louise, née le 2 juillet 1822, décédée le 26 novembre de la même année.

2° Catherine-Marie, née le 19 juillet 1826, entra le 24 novembre 1852 au couvent des Filles de la Charité, à Agen, alla à Paris l'année suivante faire son noviciat, fut envoyée ensuite au couvent de Bourrou (Dordogne) et plus tard à Marmande où elle est encore.

3° Thérèse-Marie-Antoinette, ma bonne mère, née le 11 mars 1828, mariée le 16 septembre 1847, à Monsieur Jean-François-Eugène CAMPAGNE, mon cher Père, propriétaire à Escages, commune de Saint-Pierre-Nogaret (Lot-et-Garonne). Ils ont eu quatre enfants :

— 1° —

PIERRE-HIPPOLYTE-MAURICE CAMPAGNE, ancien sous-préfet, né à Escages le 12 août 1849,

Marié à Nantes, le 2 juin 1880, à Mademoiselle CLARISSE-CHARLOTTE AUDIBERT, descendant de l'illustre famille Italienne des CAFFIÉRI — dont M. NESTOR AUDIBERT, notre oncle, professeur d'hydrographie de la marine, en retraite à Boulogne-sur-Mer, a établi la brillante généalogie.

Ils ont eu deux enfants :

1° Une fille, SIMONE, née à Nantes le 13 mai 1881 ;

2° Un garçon, MAXIME, né à Blanquefort (Gironde) le 22 décembre 1883.

— 2° —

PIERRE-ETIENNE-DANIEL CAMPAGNE, né à Escages le 10 juillet 1851, statuaire à Paris,

Marié, le 28 mai 1873, à Mademoiselle ELISABETH BEAUNE.

Ils ont eu deux enfants :

1° Un garçon, MARCEL, né à Gontaud le 1er octobre 1875, engagé volontaire, au 10e chasseurs à cheval, à Moulins.

2° Une fille, GENEVIÈVE, née à Gontaud, le 16 février 1876.

— 3° —

MARIE-ANNE-MARGUERITE CAMPAGNE, née à Escages le 23 avril 1856,

Mariée le 7 janvier 1874, à Monsieur LOUIS-JOSEPH DE VIVIE DE RÉGIE, ancien magistrat, son cousin par sa mère EGLINA DE MADAILLAN.

Ils ont eu cinq enfants :

1° JACQUES, né le 10 mai 1875 ;
2° ROGER, né le 24 janvier 1877 ;
3° PIERRE, né le 19 juin 1878 ;
4° GÉRARD, né le 11 septembre 1880. décédé le 15 juillet 1890 ;
5° ADRIENNE, née le 30 décembre 1883.

— 4° —

MARIE-ANNE-HÉLÈNE CAMPAGNE, née à Escages le 8 août 1863,

Mariée, le 17 janvier 1883, à Monsieur RENÉ DE LAJUGIE.

Ils ont eu cinq enfants :

1° ROBERT, né le 15 janvier 1884;
2° MADELEINE, née le 26 octobre 1885 ;
3° NOEL, né le 26 décembre 1887 ;
4° FRANÇOIS, né le 1er octobre 1889 ;
5° JOSEPH, né le 23 octobre 1894.

4° LOUISE-MARIE-CLÉMENCE, née le 16 mai 1831, mariée, le 26 juillet 1853, à M. PIERRE-LOUIS-ALBAN DE VILLERÉAL DE LASSAIGNE.

Ils ont eu quatre enfants :

— 1° —

JEANNE DE VILLERÉAL DE LASSAIGNE, née le 31 août 1854,

Mariée, le 29 janvier 1876, à Monsieur LÉONCE DE LALOUBIE.

Ils ont eu quatre enfants :

1° VALENTINE, décédée ;

2° ANDRÉ ;

3° ROGER ;

4° MAXIME.

— 2° —

HENRY DE VILLERÉAL DE LASSAIGNE. né le 14 mai 1856.

— 3° —

BLANCHE DE VILLERÉAL DE LASSAIGNE, née le 20 juin 1858,

Mariée, le 27 février 1881. à Monsieur le colonel PASSERIEU.

— 4° —

MARIE DE VILLERÉAL DE LASSAIGNE, née le 22 janvier 1863,

Mariée, le 28 juin 1892. à Monsieur PAUL CHAR BONNEL.

LA FAMILLE

LA RÉVOLUTION

———————◦❖◦———————

Jʼai dit que deux des membres de cette famille seulement avaient émigré. Les autres eurent à souffrir de la Révolution comme tous ceux qui étaient soupçonnés de sympathie pour lʼancien régime. Plusieurs furent déclarés suspects en qualité de parents dʼémigrés. Jʼai retrouvé un L'ÉGLISE, sur ces listes fatales, dans les archives de Casteljaloux. Mais il était tellement vieux et infirme qu'on le laissa mourir tranquille. La guillotine ne fut pas jugée nécessaire pour abréger sa personne et ses jours.

PIERRE II DE L'ÉGLISE perdit son bénéfice et son droit de seigneur sous-inféodataire sur la paroisse de Moirax. A cette occasion, et pour se conformer au décret de la Convention du 17 juillet 1793, il envoya aux maire et officiers municipaux de Tombebœuf toutes les lièves et papiers-terriers, ou registres qui contenaient le dénombrement des cens et rentes qui étaient dus par lui, comme possesseur de ce fief. Cet envoi était accompagné du laconique billet suivant.

où l'on trouve la preuve qu'il le prenait d'assez haut avec les autorités d'alors.

Citoyens maire et officiers municipaux de Tombebœuf, s'il est à propos que vous m'envoyez un reçu de toutes ces pièces, j'en serai fort aise. Au reste, il en sera comme vous voudrez.

Signé : L'ÉGLISE LALANDE.

Sa qualité de père d'émigrés lui valut la séquestration d'une partie de ses biens. Ceux qui pouvaient être attribués à ses deux fils comme venant de leur mère MARIE D'HÉBRARD, décédée, furent vendus, en qualité de domaines nationaux, en vertu de la loi du 28 ventôse an IV, et rachetés par la famille, le 29 germinal an VII. De plus, en vertu de la loi du 12 septembre 1792, il était tenu de verser, chaque année, par avance, le montant de la solde, à raison de quinze sols par jour, soit cinq cent quarante-sept francs, pour chacun de ses fils émigrés, au total onze cents francs, à titre d'indemnité due à la nation.

Il eut aussi beaucoup à se plaindre de l'emprunt forcé, mesure inique entre toutes, et qui se fit sur des évaluations fantaisistes et à l'aide de rapports haineux et de dénonciations perfides, monnaie courante de l'époque.

Tandis qu'une main tient l'homme au collet, l'autre fouille dans ses poches. Dans chaque section le comité de surveillance....... .... désigne les gens aisés, évalue leur revenu à son gré ou d'après la commune renommée, et leur envoie l'ordre de payer tant, à proportion de leur superflu, sur une taxe progressive....... ...... De cette contribution subite, on exige le premier tiers dans les quarante-huit heures, le second tiers dans la quinzaine, le dernier tiers dans le mois et sous des peines graves. Tant pis pour l'imposé si la taxe est exagérée, si son revenu est

aléatoire ou imaginaire, si ses rentrées sont futures, s'il ne peut se procurer d'argent comptant, s'il n'a que des dettes ....
....

..... Avec de tels pouvoirs ainsi maniés on exploite l'envie enracinée et l'antique animosité du pauvre contre le riche ; on s'attache les nécessiteux et les vagabonds ....

(TAINE, *La Conquête Jacobine*, page 441.)

En somme cette famille fut moins inquiétée que beaucoup d'autres et, à part quelques dommages matériels, elle sortit de la tourmente sans être désemparée. Ainsi que les marins, au milieu des tempêtes, allègent et sauvent leur navire, en jetant à la mer le surcroît du chargement, ils firent la part des circonstances et purent aborder. sans grosses avaries, après cette périlleuse traversée.

L'ÉMIGRATION

E mot éveille de pénibles souvenirs. L'exil est toujours une bien cruelle épreuve ; qu'il soit obligatoire ou volontaire, qu'il résulte de l'expulsion ou de la fuite. La poitrine se gonfle et le cœur se déchire lorsqu'il faut gémir avec le poëte sur l'abandon du sol natal : *nos patriæ fines et dulcia linquimus arva, nos patriam fugimus.*

Peut-on reprocher à des hommes en butte à des attaques fanatiques, à des dénonciations injustes, à des menaces de mort, d'avoir passé la frontière et cherché un refuge sur un autre territoire ? Je ne le pense pas, quoique beaucoup de bons esprits aient proclamé que l'émigration a été une faute.

Ceux de ces hommes qui ont pris les armes et, de concert avec les ennemis de leur pays, fait la guerre à la France, ne croyant la faire qu'à la Révolution, avaient-ils une excuse ? C'est une question plus délicate et qui ne saurait être traitée à fond, dans le modeste cadre de cette notice. Mais je n'hésite pas à condamner un tel acte et je ne crois point qu'on puisse jamais le justifier. A ceux qui passent à l'ennemi et servent avec lui contre leur patrie, on peut donner à méditer les paroles que Bayard expirant adressait au Connétable de Bourbon.

Quelles que soient les horreurs de la guerre civile. il est permis de regretter que les émigrés, dans leur propre intérêt, n'aient pu se joindre aux Vendéens. Cela eût été plus honorable pour eux et sans doute plus profitable. Il semble naturel de dire : « Le *Parti* de l'Émigration — La *Cause* de la Vendée. » Cette cause était noble et bien française. Toutes les classes s'y confondaient dans un seul élan, avec la même opiniatreté et le même courage, sans calcul ambitieux, sans aucun ostracisme. De vieux gentils-hommes y servaient sous les ordres du garde-chasse Stoflet et du voiturier Cathelineau.

L'Émigration, au bout de quelques mois. était découragée, impuissante, inutile.

La Vendée a lutté pendant huit ans. Souvent victorieuse, elle a embarrassé la Convention et le Directoire en tenant en échec d'excellents généraux. Hoche lui-même, malgré son génie. s'est heurté à de grandes difficultés pour arriver à la pacification. Que fût-il advenu si un Prince de la Maison de France était entré en Vendée suivi par toute cette noblesse ; si ces paysans, soldats improvisés comme la plupart de leurs chefs, avaient été encadrés par les officiers de l'ancienne armée ; si leurs effectifs s'étaient grossis de tous ceux qui quittèrent la France à cette époque ; s'ils avaient pu bénéficier de l'expérience, du courage et de l'argent qui furent gaspillés à l'étranger ?

Sans envisager le résultat de la lutte on peut affirmer que le jugement de la postérité eût été plus flatteur. Elle aurait admiré cette noblesse, comme elle admire encore ces paysans révoltés. car c'eût été, alors, toute la vieille France refusant de se courber sous le joug des Jacobins, défendant quand même la Royauté qui l'abandonnait, le droit méconnu, la croyance outragée, la tradition et l'histoire, mais avec ses seules forces, et non plus sous l'égide de nos ennemis. A une guerre semblable on aurait trouvé de sublimes excuses.

En 1791, l'Assemblée législative, émue des relations qu'entretenaient déjà les émigrés avec les Puissances, arracha à Louis XVI une déclaration contre eux. Le Roi écrivit à ses frères les pressant de rentrer et conjurant tous les émigrés de rentrer avec eux. Ils refusèrent « se disant sûrs des Puissances étrangères, qui « continuaient à s'envelopper dans des réponses « évasives » dit un historien.

Ce refus des émigrés, ajoute un écrivain royaliste, fut aussi impolitique que coupable et, dans les circonstances où ils se trouvaient, les perdit eux et le Roi. S'ils fussent rentrés, leur retour, généralement désiré, aurait fait revivre en France le parti Royaliste que l'émigration avait entièrement désorganisé. Ce parti, fortifié par le discrédit de l'Assemblée, et recruté par les nombreux mécontents et les déserteurs du parti constitutionnel, serait bientôt devenu assez puissant pour rendre décisive, en faveur du Roi, l'explosion plus ou moins prochaine à laquelle il fallait s'attendre.

(Bertrand DE MOLLEVILLE, t. VI, page 42).

Cette opinion peut être discutée, mais elle est très défendable.

Nous allons suivre à l'émigration les deux frères ÉTIENNE DE L'ÉGLISE, et nous aurons la satisfaction de constater que, s'ils ont servi quelques fois dans des

régiments étrangers pour ne pas rester inactifs, ils
n'ont jamais du moins porté les armes contre leur
patrie.

En 1792, ils étaient, nous l'avons vu, tous les deux
capitaines dans le régiment de Champagne. Une
grave rébellion éclata dans ce régiment, ils refusèrent
de s'associer à des actes d'indiscipline, préférant
quitter le service et rentrer chez eux. Ils vinrent donc
à Saint-Barthélemy et y demeurèrent tranquilles, jusqu'au jour où leur ancien régiment fut envoyé dans
le Lot-et-Garonne, à proximité de leur résidence.
Cette circonstance leur fut fatale. Dénoncés comme
suspects et menacés d'arrestation, ils passèrent à
l'étranger.

Ni dans la vie publique, ni dans la vie privée, ni à la campagne, ni à la ville, ni réunis, ni séparés, les nobles ne sont à l'abri.
Comme un nuage noir et menaçant, l'hostilité populaire pèse sur
eux, et, d'un bout à l'autre du territoire, l'orage s'abat par une
grêle continue de vexations, d'outrages, de diffamations, de
spoliations et de violences; çà et là, et presque journellement,
des coups de tonnerre meurtriers tombent au hasard sur la tête
la plus inoffensive, sur un vieux gentilhomme endormi, sur un
chevalier de Saint-Louis qui se promène, sur une famille qui prie
à l'église. Mais dans cette noblesse écrasée par places et meurtrie
partout, la foudre trouve un groupe prédestiné qui l'attire et sur
lequel incessamment elle frappe : c'est le corps des officiers ....
A partir de ce moment, dans la flotte et dans l'armée, je ne
compte plus les émeutes incessantes. Avec l'autorisation du
ministre, le soldat va au club, où on lui répète que ses officiers,
étant des aristocrates, sont des traîtres......... clameurs, dénonciations, insultes, coups de fusil, ce sont là des procédés naturels,
et on les pratique......... Il est dur à un officier noble d'être
diffamé publiquement et journellement, à raison de son grade et
de son titre ; d'être qualifié de traître, au club et dans les gazettes;
d'être désigné par son nom aux soupçons et aux fureurs popu-

laires ; d'être hué dans la rue et au théâtre ; de subir la désobéis-
sance de ses soldats ; d'être dénoncé, insulté, arrêté, rançonné,
chassé, meurtri par eux et par la populace ; d'avoir en perspec-
tive une mort atroce, ignoble et sans vengeance... ..... Il faut
donc que les officiers et les nobles 's'en aillent........ A tous,
même aux vieillards, aux veuves, aux enfants, on fait un crime
de se dérober...... Sans distinguer ceux qui se sauvent pour ne
pas devenir une proie et ceux qui s'arment pour attaquer la frontière, la Constituante et la Législative condamnent tous les
absents.

    (TAINE, *La Révolution*, t. I, pages 420, 423, 429, 433, 434).

Le premier mouvement des frères L'ÉGLISE fut
d'aller rejoindre à Coblentz l'armée des Princes. Mais
ils y restèrent bien peu de temps, car nous les retrou-
vons en Espagne avant la fin de cette même année 1792.
Quand la guerre fut déclarée avec cette puissance, ils
partirent pour l'Angleterre et servirent, pendant quelques mois, dans l'armée de Sa Majesté Britannique.
Ensuite ils s'établirent dans l'île de Jersey où ils
prirent une ferme à loyer pour s'occuper et pour
vivre, se faisant cultivateurs. La vie agricole ne leur
convenait guère, ils préféraient tenir une épée que
conduire une charrue. L'aîné de ces Messieurs appre-
nant que le duc de Castries formait un régiment à
Lisbonne, s'y rendit pour se faire incorporer. Malgré
les recommandations du vicomte de Gand, son ancien
colonel, celles du ministre de Portugal, M. de Pinto,
et de Mme de Souza, il ne put y réussir. Il s'embarqua
alors pour retourner en Angleterre et rentrer à Jersey.
Pendant la traversée, il fut pris par un corsaire
français et conduit dans les prisons de Cherbourg
où il resta trois mois. Les feuilles publiques du temps
en firent mention.
    Renvoyé en Angleterre, il alla rejoindre son frère à

Jersey. Lorsque cette île fut menacée d'une invasion des troupes françaises, prévoyant la nécessité où ils pourraient se trouver de combattre dans les rangs anglais, ils résolurent de se soustraire à cette obligation. D'ailleurs. ils ne pouvaient plus supporter leur exil; ils étaient avides de revoir leur pays. Leur santé, ébranlée par les souffrances et les privations, réclamait des soins. Leur cœur, brisé par cette longue séparation, avait soif des tendresses de leur famille qui gémissait sur leur éloignement. Ils se décidèrent à faire une tentative audacieuse afin de rentrer en France et à employer les moyens les plus énergiques pour réussir dans cette entreprise.

A la faveur d'une nuit sombre, montant dans une barque de pêcheur, ils se firent jeter sur la côte normande et gagnèrent Cherbourg, en voyageant à pied, pendant la nuit, et se cachant le jour pour se soustraire aux recherches. Nous allons les voir bientôt en pourparlers avec les autorités de cette ville.

Cette inconstance perpétuelle dans leurs projets, cette multiplicité de décisions contradictoires, pendant neuf ans, prouvent suffisamment, je le crois, leur ferme volonté de ne pas servir contre la France, quoique l'amour du métier militaire les poussât à s'enrôler un peu partout.

A leur arrivée à Cherbourg, le 14 prairial an IX, ils se mirent immédiatement à la disposition des autorités et adressèrent au maire de cette ville la pétition suivante, qui fut transmise, le 24 du même mois (après un procès-verbal de comparution que je transcrirai plus loin), au Préfet de la Manche et au Ministre de la Police générale :

Les citoyens Étienne de L'ÉGLISE
au Citoyen Maire de Cherbourg.

CITOYEN MAIRE,

Forcés de chercher en terre étrangère un asile qui nous était refusé en France, nous nous sommes toujours abstenus de servir une coalition qui menaçait l'indépendance de notre pays.

Du moment que l'espoir d'y rentrer a lui à nos yeux, nous avons réclamé et notre réclamation est inscrite au Ministère de la Police sous le numéro 16189.

Toujours soumis aux lois de notre patrie, nous avons attendu paisiblement, dans notre exil, qu'elle nous réintégrât dans nos droits, et nous attendrions encore, si, par suite de notre obéissance à ces mêmes lois, nous ne nous étions vus dans la prochaine nécessité de porter les armes contre elle.

Nous habitions Jersey, nous avons été témoins des préparatifs de défense que l'on y fait dans la crainte d'une invasion. L'invasion effectuée, il nous eût fallu combattre dans les rangs de nos ennemis. Cette seule idée a pu nous faire enfreindre les lois qui nous condamnaient à attendre, dans le lieu de notre exil, la permission de rentrer en France.

Nous sommes d'une santé chancelante qui exige des secours que votre pays ne peut pas nous procurer. Nous sommes ici sans ressources. Un père âgé de quatre-vingt-dix ans pleure chaque jour sur notre éloignement.

Veuillez, Citoyen Maire, nous autoriser à retourner auprès de lui, à rester en surveillance à Saint-Barthélemy, département de Lot-et-Garonne, notre pays natal, sous telle caution qu'il vous plaira d'exiger.

Nous attendons votre décision, avec d'autant plus de confiance, que vous avez déjà pu vous convaincre, par vous même, pendant le temps que l'un de nous est resté à Cherbourg, que nous sommes incapables de troubler l'ordre public.

Vous trouverez ci-joints les certificats qui constatent nos infirmités et le besoin que nous avons de prendre les eaux de Bagnères ou de Barèges

Salut et respect,
ÉTIENNE DE L'ÉGLISE l'aîné.
ÉTIENNE DE L'ÉGLISE jeune.

Cette pétition n'était point maladroite. Ainsi que le procès-verbal de comparution qui va suivre, elle ne disait pas absolument toute la vérité Mais peut-on les blâmer d'en avoir dissimulé une partie pour les besoins de leur cause qui était intéressante et juste.

Le 15 prairial. ils comparurent devant le maire qui rédigea le procès-verbal et l'arrêté ci-après :

Aujourd'hui, 15 prairial an IX de la République, à dix heures du matin, à l'Hôtel de Ville de Cherbourg,

Devant moi, Pierre, Joseph de La Ville, Maire de Cherbourg, ont comparu les nommés : ÉTIENNE LÉGLISE aîné et ÉTIENNE LÉGLISE son frère puîné, émigrés, lesquels ont individuellement passé la déclaration suivante, en conséquence des questions qui leur ont été faites.

1º ÉTIENNE LÉGLISE l'aîné :

Je me nomme ÉTIENNE LÉGLISE ; je suis âgé de cinquante-deux ans ; je suis natif de la commune de Saint-Barthélemy, département de Lot-et-Garonne ; j'étais capitaine de grenadiers au régiment de Champagne; j'ai quitté le régiment à cause d'une insurrection dont j'ai failli être victime ; je m'étais retiré chez moi avec mon frère, capitaine au même régiment ; j'y étais resté tranquille jusqu'à l'époque où ce régiment fut envoyé dans mon département et tout près de mes foyers. Nous fûmes alors dénoncés dans les clubs et le danger que nous courions nous força à passer en terre étrangère. Nous nous rendîmes en Espagne vers la fin de 1792, et, à l'époque de la déclaration de guerre avec cette puissance, nous quittâmes le territoire espagnol pour passer en Angleterre ; nous nous fixâmes à Jersey ; nous y prîmes une ferme à loyer et j'y suis constamment resté avec mon frère, jusqu'au mois de germinal, an VIII, où, forcé de me rendre à Southampton, pour affaires, j'ai été pris par un corsaire français, nommé le *Vendangeur*, lorsque je revenais de Southampton a Jersey, sur le paquebot le *Faune*, le 19 floréal de la même année.

Ce corsaire m'a conduit à Cherbourg d'où, vous le savez, j'ai été réexporté en Angleterre, par ordre du Ministre de la Police générale.

J'avais réclamé, dès le mois de floréal, an VII, pour obtenir ma radiation de la liste des émigrés et ma réclamation est inscrite, ainsi que celle de mon frère que nous avons faite en commun, sous le numéro 16189, au bureau du Ministère de la Police.

Nous sommes partis de Jersey, il y a environ un mois, sur une barque de pêcheur de cette île qui nous a déposés la nuit, sur une côte inconnue, que j'estime être à huit ou dix lieues d'ici et en face de Jersey. De là, marchant constamment la nuit, pour nous soustraire aux recherches, nous nous sommes acheminés vers Cherbourg, où nous sommes arrivés hier au soir.

Nous aurions attendu en Angleterre la nouvelle de notre élimination, si le bruit d'une prochaine descente des français, dans l'île de Jersey, ne nous avait placés dans la nécessité de porter les armes contre notre patrie, dans le cas où la descente serait venue à s'effectuer. A mon départ on faisait déjà des préparatifs de défense. J'estime que la garnison était forte d'environ cinq mille hommes et je sais qu'on y attendait encore des renforts.

Je demande à rester en surveillance sous caution, jusqu'à la décision des autorités compétentes.

Lecture donnée à ÉTIENNE LÉGLISE l'aîné de la déclaration ci-dessus, il a déclaré qu'elle contient vérité, qu'il y persiste et n'y veut rien changer.

Signés : ÉTIENNE LÉGLISE aîné
et DE LA VILLE, Maire.

2° ÉTIENNE LÉGLISE puîné,

Je me nomme ÉTIENNE LÉGLISE puîné, je suis âgé de quarante et un ans ; je suis natif de Saint-Barthélemy ; j'étais capitaine....... etc.......

Et sa déclaration ayant été parfaitement conforme à celle d'ÉTIENNE LÉGLISE son frère aîné, à l'exception seulement que le dit ÉTIENNE LÉGLISE puîné n'a point quitté Jersey, jusqu'au moment où il s'est embarqué sur la barque de pêcheur qui l'a conduit en France, on a cru inutile de la transcrire ici ; il a été seulement requis d'en signer la conformité, ce qu'il a fait après lecture.

Signés : ÉTIENNE LÉGLISE puîné
et DE LA VILLE, Maire.

Suivent les signalements.

Le Maire de la ville de Cherbourg.

Vu l'interrogatoire prêté par ÉTIENNE LÉGLISE l'aîné et ÉTIENNE LÉGLISE puîné, frères, émigrés, venant d'Angleterre, arrivés à Cherbourg le jour d'hier.

Considérant qu'il en résulte que le motif pour lequel ils n'ont pas attendu en Angleterre la décision du Gouvernement, sur les réclamations qu'ils lui ont adressées, pour se faire éliminer de la liste des émigrés, est la nécessité dans laquelle ils craignaient de se trouver de porter les armes contre leur patrie.

Que l'un d'eux, ÉTIENNE LÉGLISE l'aîné, venu à Cherbourg en floréal an VIII, après avoir été pris sur le paquebot le *Faune*, s'est conduit, pendant le temps de sa détention, avec toute la délicatesse possible.

Vu enfin l'acte de cautionnement souscrit à l'instant par Marie Gallien et la veuve Dozonville, par lequel elles se sont engagées, solidairement, à représenter à toute réquisition les deux frères LÉGLISE, ou à payer 6,000 francs.

ARRÊTE :

ARTICLE Iᵉʳ

ÉTIENNE LÉGLISE aîné et ÉTIENNE LÉGLISE puîné, resteront à Cherbourg en surveillance, sous la caution des dames Gallien et Dozonville, et ils se présenteront, tous les deux jours, à l'Hôtel de Ville, à midi.

ARTICLE II

Le présent et les déclarations des frères LÉGLISE seront adressés au Sous-Préfet de Valognes, avec invitation de prescrire les mesures ultérieures qu'il croira convenable de prendre à leur égard.

Cherbourg, le 15 prairial an IX de la République une et indivisible,

Signé : DE LA VILLE.

Le lendemain 16 prairial, le Maire de Cherbourg apostilla, de la façon la plus flatteuse, la pétition que nous avons lue plus haut, avant de la transmettre aux autorités supérieures.

Les frères ÉTIENNE DE L'ÉGLISE purent rester tranquilles à Cherbourg jusqu'à l'amnistie de 1802 qui mit fin à leur long exil.

Les *Mémoires* du Chevalier de Mautort (dont j'ai parlé plus haut) qui quitta la France en 1792 et rentra en 1802, comme les deux frères L'ÉGLISE, donnent une idée exacte, je le crois, de ce qu'a été l'émigration. Ils renferment un tableau navrant des déceptions, des souffrances, de la misère dont furent victimes les émigrés.

RELIGION

Depuis mon enfance j'avais entendu dire autour de moi que la famille DE L'ÉGLISE avait toujours été fermement attachée à la religion catholique. Cette croyance venait, sans doute, du zèle profond, de la grande ferveur que les représentants des dernières générations avaient apportés dans la pratique de leur culte. On n'avait pas fouillé le passé et on ne pouvait supposer que des catholiques si sincères, si pieux, eussent eu pour ancêtres des huguenots. C'est cependant la vérité, et j'ai pu m'en convaincre dès le début de mes recherches.

Ils avaient embrassé la réforme avec ardeur et des premiers. Parmi les documents qui en font foi, il faut rappeler ici le plus important de tous, les lettres patentes d'Henry IV. en faveur de PIERRE DE L'ÉGLISE, que j'ai citées. Elles prouvent qu'en 1596, les L'ÉGLISE étaient, depuis longtemps, de la religion réformée, puisqu'ils avaient eu déjà, bien avant cette époque, et précisément à cause de leur qualité de protestants, de graves démêlés avec le Parlement de Bordeaux qui favorisait ouvertement les catholiques.

Jusqu'au XVIIIe siècle, ils n'ont pas varié, puisqu'on ne trouve trace pour eux d'aucun baptême, mariage ou sépulture, sur les registres des paroisses, ce qui a rendu mes recherches encore plus difficiles. De plus, dans le courant des xvi⁰ et xviiᵉ siècles, malgré leurs services signalés, ils ne font jamais partie d'aucun ordre du Roi, faveur réservée aux seuls catholiques.

Au moment de la révocation de l'édit de Nantes, ils restent fermes dans leurs croyances. A l'encontre de tant d'autres, qui firent alors une opportune conversion, ou s'inclinèrent avec regret devant la rigueur de la mesure, ils continuent à être victimes de leurs convictions religieuses et à supporter mille disgrâces. Nous avons vu qu'un des leurs, moins patient ou plus tracassé que les autres, passa en Angleterre et emporta, malheureusement, la meilleure partie des archives de la famille.

Ce n'est qu'après 1705, lorsque DANIEL DE L'ÉGLISE eut épousé MARGUERITE DE BESSE, que nous trouvons des catholiques parmi eux. Les enfants, au nombre de sept, nés de ce mariage, furent tous baptisés. Quelle fut la raison qui détermina des parents protestants à prendre cette décision, ou à subir des influences qui s'imposaient peut-être ? Je n'en sais rien ; mais le fait est certain, car voici, par ordre de dates, les sept baptêmes que j'ai relevés sur les registres de Saint-Barthélemy :

1° BAPTISTE DE L'ÉGLISE. baptisé le 3 juin 1706.
2° BAPTISTE-MICHEL » » le 18 juillet 1707.
3° ÉLISABETH » » le 24 août 1708.
4° MARTHE-ÉLISABETH » » le 20 juillet 1711.
5° PIERRE » » le 3 mars 1713.
6° autre ÉLISABETH » » le 9 mars 1715.
7° GUILLAUME » » le 18 juillet 1716.

Il est vraisemblable que, si Daniel de L'ÉGLISE et sa femme, quoique fervents huguenots, se déterminèrent à faire rentrer leurs descendants dans la religion catholique romaine, ce fut pour ne pas leur imposer, dès leur naissance, une cause de disgrâces futures et afin de leur laisser pour l avenir la liberté d'agir à leur guise. Il ne faut pas oublier que, dans les années qui suivirent la révocation de l'édit de Nantes, les rigueurs, exercées contre les protestants, furent portées à un degré excessif. L'accès de presque tous les emplois publics leur était interdit, ainsi que les grades dans l'armée. La première pièce réclamée, quand on se présente à un régiment. est un extrait baptistaire. Un père et une mère de famille pouvaient bien se demander, dès lors, si ce n'était pas une cruauté de faire supporter à leurs enfants le lourd héritage de leurs convictions religieuses qui devait fermer l'avenir devant eux et leur interdire toutes les carrières.

Ce n'est là que mon opinion personnelle. Je ne prétends pas qu'elle soit absolument juste, mais elle mérite bien quelque créance. Les documents qui vont suivre viendront encore la corroborer. Nous allons constater que, pendant plus de soixante années, cette question de religion n'a pas été absolument nette. Elle a donné lieu à des tiraillements, à des persécutions dont la famille a encore beaucoup souffert.

Pierre II de L'ÉGLISE, dont nous avons suivi pas à pas la longue existence, quoique ayant été baptisé le 3 mars 1713, se voit obligé, (pour répondre. sans doute. à des dénonciations, à des rapports calomnieux accusant un défaut de sincérité,) de demander à son curé. M. de Melet. le 23 avril 1779. un certificat de

catholicisme. Et plus encore : bien qu'ayant fait
baptiser tous ses treize enfants, et pratiquant lui-
même, ouvertement, la religion catholique romaine,
il se croit dans la nécessité de prononcer une abjuration solennelle et publique du protestantisme, le
20 juin suivant, dans cette même église de Saint-
Barthélemy, soixante-six ans après son baptême.

Voici le curieux certificat de M. de Melet et, à la
suite, l'acte d'abjuration :

Je soussigné, curé de la ville et paroisse de Saint-Barthélemy
de Laperche, au diocèse d'Agen, généralité de Guyenne, certifie
à tous que M. DE L'ÉGLISE DE LALANDE. habitant la présente ville, ancien capitaine au régiment de Champagne, Chevalier de Saint-Louis, professe *actuellement* la religion catholique,
apostolique et romaine, ainsi que tous ses enfants, au nombre de
treize ; qu'il est le *premier* converti à la dite religion ; que son
père, sa mère, son aïeul et aïeule, tant paternels que maternels, et
enfin tous ceux de sa famille, avant lui, ont tous professé, ouvertement, la religion prétendue réformée, y sont morts et ensevelis
hors l'église et cimetière de cette paroisse ; enfin que le père et
la mère du dit DE L'ÉGLISE ont été si zélés pour l'éducation de
leurs enfants, dans la dite religion prétendue réformée, que mon
prédécesseur fut obligé, pour arrêter la contagion, de présenter
un placet à M. le Garde des Sceaux, il y a environ quarante ans,
et obtint de ce Ministre, des lettres de cachet pour trois sœurs du
dit DE L'ÉGLISE, qui furent traduites au couvent des religieuses
de la Visitation, à Agen, où elles ont été élevées à la Religion
C. A. R. qu'elles professent encore heureusement. Au surplus il
y a apparence que le dit DE L'ÉGLISE DE LALANDE a fait
son abjuration étant au service du Roi, ne l'ayant pas trouvée sur
les registres.

En conséquence, j'ai donné le présent certificat, très véritable,
pour servir au dit DE L'ÉGLISE DE LALANDE ainsi que de
raison.

Signé : MELET, Curé.

A Saint-Barthélemy de Laperche, le 23 avril 1779.

La signature est certifiée par M. D'Escures, conseiller du Roi, juge civil et criminel à Gontaud.

ACTE D'ABJURATION

Le 20 juin, a comparu dans notre église de Saint-Barthélemy de Laperche, noble PIERRE DE L'ÉGLISE DE LALANDE, écuyer, Chevalier de Saint-Louis, ancien capitaine au régiment de Champagne.

Là, étant en présence des témoins, nous a représenté que *désirant dessiller le public trop crédule*, étant né de parents protestants et ayant sucé, dans ses jeunes années, le venin de leurs doctrines pestilentielles (*sic*), nous a déclaré qu'il renonce *solennellement* à toutes ses erreurs passées et qu'il croyait et voulait *continuer* de pratiquer tout ce que l'Eglise C. A. R. croit et enseigne, et, en conséquence de cet aveu, nous lui avons fait faire sa profession de foi, ainsi qu'elle est ordonnée par nos rituels ; laquelle profession a été couchée sur nos registres, les même jour, mois et an que dessus.

Signés : L'ÉGLISE ; TEISSIER, juge du lieu ;
ROQUE, premier échevin ; DE PLATHOU, greffier ; DAVID-DUPRÉ, syndic ; MELET, curé.

Ces deux pièces sont curieuses et me semblent justifier, à bien des points de vue, l'opinion que j'ai émise sur le baptême des enfants de DANIEL DE L'ÉGLISE.

Je vais transcrire une supplique que ce dernier avait adressée au Garde des Sceaux. Elle servira de corollaire au certificat de M. le curé de Melet, quoique dans plusieurs de ses parties, elle en soit la flagrante contradiction.

Monseigneur,

DANIEL DE L'ÉGLISE, écuyer, sieur DE LUMEILLOUX, habitant la ville de Saint-Barthélemy, ancien capitaine au régiment des Vosges, d'où il a été obligé de se retirer à cause de ses infirmités et où quatre de ses frères ont été tués, remontre

humblement à Votre Grandeur que, quoiqu'il ait toujours élevé
ses enfants dans la Religion C. A. R. ainsi que l'atteste le sieur
Paganel curé du dit Saint-Barthélemy, par son certificat légalisé
par Monseigneur l'Evêque d'Agen, cy attaché, (je n'ai pas ce
certificat), quelque *ennemi secret* aurait donné des mémoires
contraires en Cour, sur le fondement desquels, par lettres de
cachet, deux filles du remontrant furent prises, en l'année 1728,
et conduites dans le couvent des religieuses de la Visitation
d'Agen, où une autre de leurs sœurs est religieuse. Dans la suite
ces deux filles urent transférées dans la maison des Dames de
l'Enfant Jésus à Casteljaloux, où elles sont actuellement.

Il a d'ailleurs trois garçons l'un desquels est lieutenant dans
le régiment de Limousin, et les deux autres aux études, par où
le remontrant est obligé à des dépenses très considérables pour
leur entretien...
et étant avancé en âge, n'ayant aucun de ses enfants auprès de
lui pour le secourir, ses affaires sont dans un dérangement déplo-
rable. Et comme le motif de cette lettre de cachet était, sans
doute, de ce que ses filles n'étaient pas élevées dans la Religion C.
A. R. quoiqu'elles y fussent bien instruites, suivant le certificat
du dit sieur curé, les exercices qu'elles pratiquent dans le couvent,
depuis la dite année 1728, les ont perfectionnées dans la doctrine
de la dite Religion, laquelle le remontrant aura toujours un soin
tout particulier de leur faire suivre, si Votre Grandeur a la bonté
de permettre qu'il les retire auprès de lui.

Ce considéré, Monseigneur, il plaise à Votre Grandeur, permettre au remontrant de retirer ses deux filles de la maison des
Dames de l'Enfant Jésus de Casteljaloux, pour rester en sa
compagnie, promettant de les instruire dans la Religion C. A. R.
et de les faire assister, assidûment, aux saints offices de sa
paroisse, et d'en rapporter des certificats tous les ans à Votre
Grandeur.

A ces fins, enjoindre à la dame Maupas supérieure des Dames,
de l'Enfant Jésus à Casteljaloux ......etc.......

Cette supplique dont je n'ai pas la date a dû être,
envoyée en 1731.

Ce brave père de famille. privé de tous ses enfants..

était un peu embarrassé, on le voit, pour se débrouiller, au milieu des difficultés qui l'entouraient et des accusations portées contre lui. La supplique qu'on vient de lire n'est pas de nature à éclaircir la question et laisse encore l'esprit ouvert aux hypothèses.

Mais il est temps de sortir des vaines subtilités et de conclure.

Ce qui ressort. le plus clairement. des documents que je viens de produire, c'est que les L'ÉGLISE n'ont pas changé de religion sans difficulté. Plus d'un demi-siècle a été nécessaire pour les confirmer dans leur nouvelle foi. Je vois dans ce fait un argument de plus en leur faveur, étant donné les circonstances dans lesquelles ils se trouvaient, et dont nous ne pouvons pas, à distance, comprendre tout le poids et apprécier les obligations. Leur résistance a toujours nui à leur crédit. Victimes de leur foi religieuse, on peut leur rendre ce témoignage, qu'à une époque de scepticisme, dans un siècle où beaucoup de catholiques d'origine affichaient le mépris de leur religion, ils ont fait preuve de constance et de fermeté.

Huguenots ou Catholiques, ils ont servi la France avec la même ardeur et le même courage. Le patriotisme est de tous les temps et de toutes les religions. Il ne saurait être le monopole d'un seul culte pas plus qu'il n'est la propriété d'un seul peuple ; car il est lui même une religion, vieille comme le monde, et dont l'immense martyrologe embrasse tous les royaumes de la terre : les enfants du Paganisme. adorateurs des idoles, et les enfants de l'Évangile adorateurs du vrai Dieu.

CONCLUSION

Si on trouve dans nos annales beaucoup de familles plus brillantes je crois qu'il serait difficile d'en trouver une plus Française.

Maurice CAMPAGNE.

QUELQUES LETTRES

Les lettres qui vont suivre m'ont semblé offrir quelque intérêt, c'est pourquoi je les ai groupées à la fin de cette étude. Elles serviront à corroborer les idées qui se dégagent de la lecture des pages précédentes.

Avant tout. elles confirmeront l'esprit militaire, qualité primordiale des membres de cette famille ; la recherche constante du même but ; cette poursuite opiniâtre, pendant trois siècles, d'une seule carrière, de cette profession qui ruine parfois leur santé, absorbe leur patrimoine, leur cause de nombreux déboires, de pénibles déceptions, mais les charme quand même, les séduit et les attire toujours. L'épée est pour eux une maîtresse au pouvoir absolu, impérieuse, despotique, mais passionnée et loyale ; ils lui pardonnent ses caprices, ses fantaisies, ses exigences en raison de sa fidélité.

Ces lettres attesteront, en outre, leur esprit pratique, leur droiture, leur grand bon sens ; la manière dont ils envisageaient les affaires publiques et celles de la famille, les questions de mariage et d'hérédité.

Le style est un des plus fidèles reflets de l'âme humaine. Nul miroir ne renvoie mieux les images. Si quelques lignes de l'écriture d'un homme peuvent servir à le faire pendre. celles que je vais citer, tracées par les braves L'ÉGLISE, serviront au contraire à les faire revivre et à les faire aimer.

Je me suis borné à en transcrire quatorze et je les ai numérotées pour plus de clarté.

Les neuf premières ont été écrites par GUILLAUME DE L'ÉGLISE, officier au régiment de Champagne, et adressées, à partir de 1751, à son frère PIERRE II, qui avait quitté ce même régiment en 1750 et continuait à s'intéresser ardemment à tout ce qui s'y passait.

La dixième et la douzième sont de PIERRE II. adressées à son fils aîné ÉTIENNE, capitaine au dit régiment.

La onzième. est d'ÉTIENNE l'aîné adressée à son père PIERRE II.

La treizième est de PIERRE DE LABARRIÈRE. à son père PIERRE II.

La quatorzième est du comte DE CHALUP, ancien colonel du régiment d'Austrasie, adressée à PIERRE DE LABARRIÈRE.

A Verdun, le 7 Octobre 1751.

MON CHER FRÈRE,

J'ai reçu vos deux lettres du 20 et du 30 par le même courrier. J'ai appris avec bien du plaisir que ma belle-sœur était accouchée d'un garçon et qu'elle se porte à merveille. Je vous en fais mon compliment et vous suis bien obligé de ce que vous me l'aviez destiné pour en faire un chrétien Mais cette année ce n'est pas possible.

M. de Gizors (le colonel) est resté longtemps ici ; il y a eu de grandes réjouissances de la naissance du prince de Bourgogne. M. le maréchal de Belle-Isle a fait beaucoup de dépense. On a distribué à tous les soldats du pain, du vin et de la viande.

J'ai fait voir à M. de Gizors la lettre qui vous concerne. Il est bien fâché de n'avoir pas pu obtenir pour vous la pension et m'a dit que deux de ces Messieurs demandaient aussi à se retirer et qu'il aurait bien de la peine à la leur faire obtenir. Mais ces Messieurs ne donneront pas leur démission avant de l'avoir obtenue. Voilà comme vous deviez faire. A présent c'est inutile. Il faut s'en consoler. Nous sommes dans un temps où on oublie facilement les officiers quant ils ont quitté et il faut faire ses affaires avant de partir.

Je suis fort sensible à l'offre que vous me faites d'aller passer mon quartier d'hiver à Saint-Barthélemy, mais cette année cela ne se peut, à cause de l'éloignement et des hommes qu'on est obligé de faire. Si vous n'en faites pas on vous retient 100 livres, c'est ce qui me détermine à rester.

Je suis bien fâché des mauvaises récoltes que vous faites. Il faut prendre patience et vouloir ce que Dieu veut.

Fleurette (sa sœur), pourrait bien y avoir égard et laisser passer les mauvaises années en vivant avec vous. Mais elle est dans son couvent où toutes ses religieuses la persécutent et ne demandent pas mieux que de tâcher d'avoir son bien. Ce serait fort désagréable si cela était, mais je lui rends plus de justice; elle pense trop bien pour en rien faire.

Je suis... etc...

N° 2

A Verdun, 24 Juin 1752.

MON CHER FRÈRE,

Monsieur de Gizors est arrivé le 1er juin. Il tient ici un grand état de maison; quinze personnes à dîner, autant à souper. L'autre jour qu'il m'avait prié à dîner, étant à table il me demanda de vos nouvelles et me pria de vous faire ses compliments. Il a obligé tous les officiers à avoir un chapeau à bord uniforme et culotte blanche pour la revue de l'inspecteur. Cela fait 42 livres qu'il m'en a coûté, ce dont je me serais bien passé.

Le pauvre Saint-Ferréol est mort. Launay a pris sa compagnie qui est à 42, la plus belle du régiment. Saint-André lui a donné 200 louis pour avoir l'aide-majorité. Vignol a le détail de deux bataillons, Champagny de deux autres. Le baron de Chefdeville a été chassé à cause de ses dettes. Tinlot a quitté, il va se marier. Je reste toujours le quatrième pour avoir une compagnie. Villebois est placé à Bordeaux, commandant au fort Saint-Louis, cela vaut à ce qu'on dit 6,000 livres. Lesgu est placé major à Thionville. Voilà Coquebert capitaine de grenadiers. Laurière est à Cahors, Labourdonnay en Bretagne.

Dorénavant les compagnies seront belles et complètes.

Il y a quinze mois que deux sergents sont à Paris pour faire des hommes. Ils envoient de belles recrues. M. de Gizors les voit tous. Au-dessous de cinq pieds deux pouces et demi il ne les reçoit pas. Quand les capitaines sont négligents pour compléter leurs compagnies, il fait travailler pour leur compte et n'épargne pas l'argent.

J'ai été bien surpris, il y a huit jours, de voir entrer dans ma chambre un brigadier de la Maréchaussée qui m'a remis un ordre pour payer 40 livres à M. de Rochomont. Il faut qu'il soit bien fâché contre vous pour se venger sur moi. Il ne s'est jamais rien passé entre nous deux. L'année que j'ai été à Saint-Barthélemy, pour faire ma compagnie nouvelle, j'ai joué avec lui à la bataille, 6 sols la partie, toujours doublé ; il m'a gagné 40 livres. Il me dit de faire mon billet, que je le paierais quand je voudrais. Je fus assez sot de le faire. Depuis ce temps il ne m'a parlé de rien. Il m'a fait citer sans m'avertir. J'en suis si outré que, si j'avais été au pays, je ne sais dans quelle extrémité je me serais porté. Je voulais écrire à Paris ; nos Messieurs les plus sensés m'ont dit que c'était inutile, de n'écrire qu'à lui et de lui envoyer l'argent ; ce que j'ai fait tout de suite. Je l'ai remis au brigadier ; il m'a fait un reçu. On a trouvé ce procéde bien vilain, en disant que ce gentilhomme devait être un grand coquin.

Je suis... etc...

A Metz, le 24 mai 1753.

Ce pour vous donner avis, mon cher frère, que je suis arrivé le 19 en bonne santé. Le cheval m'a fort bien conduit, sans accident. Je ne l'ai pas encore vendu. Je crains

que j'en retirerai un mauvais parti. Je me suis fort ennuyé
en route étant tout seul. J'ai voyagé, pendant deux jours,
de Gouzon jusqu'à Moulins, avec M. Lamothe, maréchal
des logis de gendarmerie. Il m'a dit être de Tombebœuf
et m'a chargé de vous faire ses compliments.

Je craignais bien de ne pas être arrivé à temps pour la
revue et d'aller en prison. Mais la lettre que j'ai écrite à
Dentrevaux m'a fait grand bien. Il en a fait part à nos
commandants qui ont parlé à M. Bainard, lieutenant du
Roi. Ils ont obtenu ma grâce. Je suis arrivé avant la revue,
qui ne se fera pas encore, et j'en ai été quitte pour la peur.
Plusieurs officiers de la garnison qui sont arrivés en retard
ont été en prison; nous avons un lieutenant du Roi qui ne
badine pas.

Il n'y a ici rien de nouveau, sinon que tous les jours on
change d'exercice ce qui donne beaucoup de peine à tout
le monde.

M. le comte de Gizors a épousé la fille du duc de Niver-
nais. Il a obtenu la survivance de son père pour le gouvernement de Metz.

Je suis..... etc...

N° 4   *A Metz, le 26 Août 1753.*

Vous devez avoir reçu, mon cher frère, la lettre que j'ai
eu l'honneur de vous écrire. Je vous mandais que j'étais
le premier pour avoir une compagnie et qu'il y avait
apparence que j'en aurais une cet hiver, et qu'il fallait
tâcher de vendre mon bien, en tirer 9,000 livres et
vous donner la préférence, si vous vouliez le prendre à ce
prix.

A présent M. de Coquebert, capitaine de grenadiers, a

demandé à se retirer, on lui fait 13,000 livres. M. de
Gizors m'a demandé si je voulais donner 2,000 livres
pour une Compagnie. Je lui ai répondu que je me prêterais
toujours à ce qu'il voudra et à l'arrangement du corps. Il
m'a dit que la compagnie de La Coste était bonne et
qu'il fallait écrire pour avoir cette somme dans le courant
du mois de janvier. Je vous prie, si vous ne voulez prendre
mon bien, ou ne trouvez pas à le vendre, ou n'êtes pas en
état de me faire cette avance, d'emprunter cette somme.
J'en payerai les intérêts. J'ai écrit à mon frère pour se
joindre à vous et tâcher de me faire cette somme. J'attends
votre réponse et suis..... etc...

A Metz, le 9 janvier 1754.

J'ai reçu, mon cher frère, la somme de 2,000 livres.
J'attends mes lettres de passe et je crains qu'elles soient
retardées à cause que M. de Gizors a écrit qu'il avait été
au bureau, que M. d'Argenson avait la goutte et que le
travail de l'infanterie ne se ferait pas encore. Il faut espérer
quelles arriveront au commencement de février. Aussitôt
que je les aurai reçues je vous en ferai part.

J'aurais bien souhaité que vous eussiez pris tout mon
bien à 9,000 livres. Le vendre en détail et par pièces
ça ne fait que dégrader et, après, un métayer a peine à
vivre. Mais, dans cette occasion, il faut faire comme l'on
peut. Je suis bien persuadé que vous ferez de votre mieux
pour tirer le meilleur parti que vous pourrez des terres que
vous vendrez, toujours les plus éloignées. Je tiendrai fait
tout ce que vous ferez et suis bien fâché de toutes les
peines que je vous donne et bien obligé de votre exactitude
à m'envoyer les 2,000 livres. C'est une affaire finie.

M. de Gizors part pour faire un voyage dans les cours
étrangères. Les bruits de guerre s'étaient répandus forte-
ment, mais depuis quelques jours on n'en parle plus.

Je suis..... etc...

A Metz, le 19 Février 1754.

Si j'ai tant tardé à vous écrire, mon cher frère, c'est que
j'attendais tous les jours mes lettres de passe. Il n'y a encore
rien de nouveau. Le travail de l'infanterie n'est pas fait.
Ce retard vient de ce que M d'Argenson est malade. Je suis
fort impatient et je crains bien que cela mènera jusqu'au
mois de mai. Si j'avais prévu cela, j'aurais fait mon marché
différemment, en me réservant que j'aurais joui des appointements de Capitaine, depuis le 1ᵉʳ novembre passé, au
lieu que je n'en dois jouir que de la date de mes lettres de
passe. De la façon dont M. de Gizors m'avait parlé, je ne
croyais pas que cela retarderait si longtemps. Enfin il faut
prendre patience.

M. de Gizors est parti le 25 janvier, avec Grandpré, un
aide-major, deux chaises de poste, un valet de chambre et
six laquais.

Si je ne vous ai demandé que 2,000 livres pour
acheter ma compagnie, c'est que je croyais pouvoir vivre
cette année avec les appointements de Capitaine. Mais ce
retardement, quatre hommes que je suis obligé de faire,
un que je dois donner aux grenadiers, trois retraités qu'il
faut payer, les faux frais qui sont considérables à Metz,
font que je ne puis me tirer d'affaire. Je vous prie d'avoir
la bonté de m'envoyer 300 livres. Je vous assure que
si je pouvais m'en passer, je ne vous donnerais pas cet
embarras, car je suis persuadé que l'argent est bien rare.

Je vous prie de faire attention que depuis un an je n'ai rien reçu. Des 2,000 livres que vous m'avez envoyées je ne toucherai pas un sol ; c'est un argent sacré. Si vous ne m'envoyez pas ces 300 livres, je serai obligé de les emprunter, ne pouvant m'en passer. J'espère que vous me ferez le plaisir que je vous demande.

Je suis.... etc...

Au Camp de Richemont, le 29 Août 1754.

J'ai l'honneur de vous écrire, mon cher frère, que nous sommes, depuis le 23, au Camp de Richemont à trois lieues de Metz. Il y a quinze mille hommes sous les ordres d'un Lieutenant-Général. Nous faisons tous les jours des exercices et resterons campés jusqu'en septembre. Après, les semestriers partiront tout de suite. On parle beaucoup de guerre et on croit que nous camperons, l'année prochaine, tout de bon ; ce qui me fait déterminer à m'en aller pour avoir des chevaux et des domestiques et pour tâcher de faire des hommes. Il m'en manque huit, sans compter les évènements. Si nous n'avons pas la guerre, M. de Gizors m'a promis un congé. J'ai besoin de cela pour mettre ma compagnie en état, autrement il est impossible que je puisse me tirer d'affaire et je mangerai le peu qui me reste si je n'ai pas cette ressource.

Vous devez savoir que les ordres sont arrivés pour mettre les bataillons à dix-sept compagnies.

Je n'ai pas osé demander de l'emploi pour Chadois, sans savoir s'il peut faire quatre hommes de cinq pieds trois pouces, parce que tous ceux qui ont des Lieutenants sont obligés de les faire. S'il est dans cette intention vous n'aurez qu'à m'écrire, à m'envoyer son extrait baptistaire et son âge ; et qu'il ait au moins 400 livres de pension.

Nous avons un nouvel Intendant qui est fort riche et fait grande dépense. Il s'appelle M. de Cormartin, c'est une créature de M. le Maréchal de Belle-Isle. Il a pris la place de M. de Creil, qui se retire parce qu'il n'était pas ami avec M. le Maréchal, et qu'il a eu beaucoup de désagréments.

Mme et M. le Maréchal sont ici encore ; il fait sa tournée, étant inspecteur de tous les camps.

Je suis.... etc...

N° 8   *A Nancy, le 17 Février 1755.*

Mon cher frère, nous avons eu de l'inquiétude pendant quinze jours. Nous étions prévenus de nous tenir prêts à marcher contre Mandrin qui a fait beaucoup de bruit dans ce pays-ci. Vous devez sans doute en avoir ouï parler. Il a sous ses ordres deux ou trois cents hommes. Il en veut surtout aux fermiers généraux. Il a de la contrebande qu'il vend dans les villages où il passe, et se fait donner de l'argent par force.

En Bourgogne il a fait donner 10,000 livres à la ville de Beaune, 12,000 livres à la ville d'Autun.

Ficher a reçu des ordres pour marcher contre lui ; il l'a joint dans un village près d'Autun. Mandrin a été blessé ; il a eu 12 morts et 8 blessés ; beaucoup de chevaux chargés ont été pris. Ficher a perdu son Capitaine de grenadiers ; 4 hommes tués et 6 hommes blessés. Mandrin a gagné la Suisse.

On nous avait dit qu'il allait se jeter dans la Lorraine et M. de Torcy, qui nous commande, avait reçu des ordres pour faire sortir 600 hommes du régiment pour aller sur son passage. M. de Torcy a pris sur lui d'attendre et de ne pas nous faire partir avant de savoir positivement si cela était vrai. C'était une fausse alerte. Ça fait beaucoup d'honneur à M. de Torcy d'avoir empêché que nous marchions inutilement contre ce coquin. Cela aurait été mortifiant pour le régiment et il fait un froid terrible.

Je vous prie de faire tout ce que vous pourrez pour m'envoyer un homme de cinq pieds trois pouces. S'il avait cinq pieds deux pouces et demi je le prends ; s'il ne les a pas il est inutile de l'envoyer,

M. de Gizors est fort affligé d'avoir perdu sa mère ; M. le Maréchal de Belle-Isle en est inconsolable.

Nous allons camper, le 1er septembre, à Sarrelouis, avec 24 bataillons et 20 escadrons. Je voudrais bien pouvoir me passer de 100 écus et je le ferais avec plaisir, à cause de la rareté de l'argent. Mais cela m'est impossible à cause du campement. Il me faut louer une tente, un lit et bien d'autres choses, et s'y prendre de bonne heure pour les avoir meilleur marché.

Vous m'avez fait plaisir de me faire apercevoir des fautes que je fais à mes lettres. C'est une preuve d'amitié dont je vous suis reconnaissant. Mais, à mon âge, il est difficile de se corriger, surtout pour l'orthographe quand on n'a pas appris le latin.

A l'égard de mon bien, ne pouvant plus vous en charger, je suis content que vous l'affermiez à des gens sûrs qui ne fissent pas attendre. Je vous prie de vous y promener quelques fois, pour prendre garde qu'ils ne dégradent pas le bien, car les fermiers vous ruinent les terres.

Donnez-moi des nouvelles de la famille et dites-moi si le petit L'Église grandit et s'il promet toujours d'avoir beaucoup de connaissance. Ça me fait plaisir que son esprit se développe. Quand il sera temps, il faudra faire notre possible pour qu'il entre à l'école militaire. J'en parlerai à M. de Gizors.

Je suis..... etc...

N° 9

A Nancy, le 12 Juin 1755.

MON CHER FRÈRE,

Je vous envoie le jugement contre Mandrin. Il a été pris en Savoie par surprise. Le neveu de la Morlière, avec six autres déguisés en paysans, l'ont pris au château de Rochefort, sur les terres du roi de Sardaigne. Il avait une chaise de poste ; ils l'ont mis dedans et sont arrivés en France avant que la troupe de Mandrin en eût connaissance. Le régiment de la Morlière, qui était sur la frontière, l'a amené sans tirer un coup de fusil.

Nancy est une très belle ville ; il y a bonne compagnie et fort riche ; nous avons comédie quatre jours par semaine, un jour concert et un jour grand bal. Nous n'avons que le lundi pour aller aux assemblées ; c'est un bien pour nous, car cela nous dispense de jouer et de perdre notre argent.

Buzy est mort, Lachèze a sa compagnie. Le père de Toully est mort ; son fils a la lieutenance du Roi à Saint-Quentin. C'est beau pour un capitaine de vingt-deux ans.

On m'a fait trois hommes de cinq pieds trois pouces et demi, à cent livres chacun. Mais il m'en manque deux ; si vous pouvez me les faire, vous me ferez plaisir. Qu'ils aient au moins cinq pieds deux pouces et demi ; dix-huit ans et l'espérance de grandir, et faites attention que la toise soit bonne.

Le semestrié qui travaille pour moi, le chevalier de Santenay, m'en a envoyé trois ; un avait cinq pieds un pouce et demi ; les deux autres cinq pieds deux pouces ; ils n'ont pas été reçus. Tant pis pour lui ; il lui en coûtera 10 louis. Il les a gardés un mois à l'auberge, à 20 sols par jour chacun, et on leur a donné de l'argent, sur son compte, pour s'en retourner.

Nous attendons, chaque jour, un nouvel exercice, ne pouvant en avoir un qui soit durable. On fait tout ce qu'on peut pour chagriner l'officier et fatiguer le pauvre soldat qui est bien dégoûté de faire ce métier. Cela fait qu'il y en a très peu qui se rengagent quand ils ont leur congé absolu. Le Roi est maître et nous sommes faits pour obéir.

Je suis..... etc...

Saint-Barthélemy, le 26 juillet 1787.

J'ai reçu ta lettre, mon cher fils, qui nous apprend que tu es arrivé en bonne santé ainsi que ton frère.

Nous avons eu plusieurs visites à l'occasion du mariage de ton frère Barrière qui est ici depuis samedi avec deux des demoiselles de Pontus. Entre autres visites celle de M. de Gervain, qui m'a dit avoir reçu aussi une lettre de M. Moutier, concernant l'acquisition qu'il a faite du marquis de Tombebœuf. Comme nous sommes dans le même cas que lui, tu feras bien d'aller le voir...............

De Vassal a envoyé ce matin son domestique, avec une lettre pour nous prier tous d'aller dîner chez lui à Bagatelle.

Barrière vient de partir avec sa femme et ses deux belles-sœurs.

Ton frère l'abbé est parti ce matin pour retourner à Montpazier. Mon frère m'écrit qu'il est mort à Casteljaloux un chanoine et de mander à M. de Saint-Germain de faire nommer ton frère l'abbé à ce bénéfice. Sollicite de ton côté auprès du duc de Bouillon, qui nomme à tous les bénéfices de ce chapitre, pour tâcher de faire avoir à ton frère ce canonicat.

Dimanche dernier, douze artisans, choisis par Pierre et André, sont venus, armés de fusils et au son du violon, chercher la femme de Barrière à qui j'ai donné le bras pour la conduire à la messe. Cette troupe était commandée par Rouquet. Ils l'ont ramenée dans le même ordre ; ils ont fait de même le soir aux vêpres et brûlé tout le jour et le soir après souper beaucoup de poudre............

Reçois....... etc.....

N° 11   *Bordeaux, le 12 Juin 1788.*

MONSIEUR ET TRÈS CHER PÈRE,

....

Le retour ici des Présidents et Conseillers du Parlement fait la plus grande sensation. Le premier Président n'arriva qu'avant hier. Il y eut toute la nuit sérénade, illuminations et feux d'artifice. Hier matin plusieurs placards affichés à la porte de la Bourse, de la Comédie et ailleurs disaient : Avis aux bons citoyens, illumination générale cette nuit.

En effet toute la ville a été illuminée, sans autre avis, à la réserve pourtant, de l'Intendance, de l'Archevêché, de l'hôtel de la Marine et de quelques maisons particulières qui n'ont pas cru devoir le faire. On a fracassé et mis en poudre toutes les vitres de ces différentes maisons et plincipalement de l'hôtel des Fermes, de l'Archevêché et de l'hôtel de la Marine. La fermentation de la population à cet égard a été à l'excès. Il y aura sans doute des punitions sévères.

J'ai reçu une lettre de........ je vous avoue, mon très cher père, que cette lettre, à laquelle je ne m'attendais pas, m'étonne singulièrement, et me fait voir combien peu on doit compter sur quelque chose dans ce monde. Enfin cependant, revenu un peu à moi et voyant qu'il faut se retourner d'un autre côté et qu'il est temps que je prenne un parti, j'ai pensé sérieusement à des propositions qui m'ont été faites, par M. D. de la part de M. de L., pour une de ses belles-sœurs.........................

M. de L., qui a épousé une de ces demoiselles, ne paraît pas s'en repentir, à beaucoup près, et elles sont égales. Celle-ci paraît être douée d'une douceur et d'un caractère bien faits pour le bonheur d'un mari.

En sorte donc, mon très cher Père, que si vous n'aviez pas d'autres vues ailleurs pour moi, je ferais avec grand plaisir des tentatives, et peut-être serais-je écouté. Mandez-moi donc, je vous prie, votre avis et vos intentions, et donnez-moi vos bons conseils.

Je suis..... etc...

12   *Saint-Barthélemy, le 6 octobre 1788.*

J'ai reçu, mon fils, la lettre de M. le chevalier de Solminiac, en réponse à la mienne qu'il me marque avoir communiquée à M. et Mme de L. qui sont décidés à ne donner à leur fille que soixante mille livres et un trousseau. A cela je réponds que ça ne fait pas la moitié, tant s'en faut, de ce qui te restera après moi, une fois payée la légitime de tes cadets, non compris Barrière qui a été suffisamment apportionné.

C'est pourquoi, je crois que M. et Mme de L. ne feront pas difficulté d'assurer à leur fille, par son contrat de mariage, cent mille francs, c'est-à-dire : soixante à jouir de ce jour et quarante après leur mort.

M. le chevalier de Solminiac m'ajoute que je te fe ai une pension de quatre à cinq mille livres et que je vous garderai chez moi. A cela je réponds que je t'abandonnerai la jouissance des domaines du Giraudeau et de Montignac, avec toutes mes réserves. A l'égard de vous garder chez moi, ma maison n'est pas suffisamment grande pour que nous puissions tous y trouver nos aises. Cependant je vous abandonnerai, pendant mon vivant, la jouissance de la maison que j'ai achetée à M. Le Clerc et que je destine à mes filles après ma mort. Cette maison est dans la plus jolie position de la ville.

A l'égard de te faire mon héritier, par contrat de mariage, oui, c'est mon intention, et de donner à chacun de mes cadets 15.000 livres payables en argent ou en bien fonds, à dire d'expert, et à mes filles, la dite maison, jardin et terres qui sont de l'autre côté du chemin. Bien entendu que celles qui se marieront, ou se feront religieuses, ou prendront un autre parti, n'y pourront rien prétendre, et que la portion de celles-là viendra accroître celles des autres qui resteront dans ladite maison.

Voilà, mon fils, quelles sont mes intentions, si tu te maries à mon gré, comme je le sens en ce moment.

Je ne te conseille pas de te récrier sur la légitime de tes cadets, il se peut bien qu'ils en auraient davantage si vous veniez à refondre la cloche après ma mort.

Tu communiqueras ma lettre à M. de Solminiac; je n'y puis rien ajouter ou retrancher; il en fera l'usage qu'il trouvera à propos. Je lui fais bien mes compliments de reconnaissance et le prie de m'excuser si je ne lui écris pas directement.

Reçois..... etc...

13 *A Montluel 17 février 1791.*

MONSIEUR ET TRÈS CHER PÈRE,

Si j'ai tardé à vous écrire, pour savoir de vos nouvelles, c'est que je voulais être sûr de pouvoir réussir dans la demande que j'ai faite, il y a quelque temps, de la croix de Saint-Louis. J'espère que je l'obtiendrai, car, dans l'état, on ne me fera grâce que de deux ans de service, puisqu'on l'accorde à vingt-quatre et que j'en ai vingt-deux, parce que je me suis fait compter le temps où je suis resté comme soldat dans le Médoc.

La dernière lettre que j'ai reçue de mon épouse, m'apporte de bonnes nouvelles de toute la famille. J'ai reçu une lettre de mon frère, le chevalier, qui ne me parle pas de mon frère aîné. Ce dernier m'avait appris qu'il partait pour Bordeaux et comptait s'embarquer pour le Mexique. Je ne crois pas que cet embarquement ait lieu et, quand même, mon frère n'en serait pas puisqu'il se trouve du premier bataillon.

Nous avons passé des jours bien critiques, car on a fait tout ce qu'on a pu pour suborner nos soldats. Mais les trois quarts ont tenu bon. Il faut qu'ils aient eu confiance en leurs chefs, et qu'ils nous soient bien attachés, pour n'avoir pas succombé à l'appât de l'argent qu'on leur donnait ou qu'on leur promettait. On voulait faire faire à notre régiment ce qui a eu lieu dans les trois quarts de l'armée ; c'est-à-dire nous faire renvoyer. Nous avons chassé, ignominieusement, plusieurs soldats et maintenant les autres se comportent bien et nous sommes tranquilles. Mais Lyon est trop près de nous.

La nouvelle formation n'a pas encore paru, nous l'attendons tous les jours. Nous allons être mis au grand complet et nous tenir prêts à marcher sur les frontières. Nous changeons d'uniforme; nous aurons revers et parements bleu ciel. Nous ne porterons plus le nom d'Austrasie; nous nous appellerons le huitième d'infanterie. Pour prétendre à une pension, il faudra avoir 50 ans d'âge et 30 ans de services... etc...

. . . .

La prestation de serment que l'on demande aux prêtres en fonctions fait grand bruit, dans ces contrées-ci, et les trois quarts la refusent. A Montluel tous l'ont refusé. A Lyon, il n'y en a que trois qui l'ont prêté. Dans notre pays ce doit être de même. Je pense que votre curé et celui de Seyches l'ont refusé.

Il y a apparence que vous avez nommé votre juge de paix et que c'est M. Joly ou quelqu'un de sa famille. A Seyches, c'est le jeune du Seigneur qui l'a été, de quoi je suis bien aise.

Vous savez qu'on m'avait nommé maire; mais je leur ai répondu que je ne pouvais pas accepter pour le présent, et que, lorsque je ne prétendrais plus au service, je me ferais un grand plaisir d'accepter. Je ne vous cacherai pas que cela me flatta infiniment quand je connus ma nomination. Mais je fus très désagréablement surpris lorsque j'appris, par mon épouse, que l'on disait que j'avais demandé cette place; ce qui est on ne peut plus faux. Je vous le demande! Si j'avais voulu cette place, lorsqu'on nomma M. Mazeau, je n'avais qu'à ne rien dire, et j'aurais été nommé à vives voix.

Et l'on dit que j'ai demandé cette place ! D'abord je ne la savais pas vacante et après ça, je n'étais point dans l'intention de faire deux ou trois cents lieues pour aller l'occuper. Il faut n'avoir pas de sens commun pour désirer une place publique. Je les ai toujours évitées et les éviterai autant que je pourrai.

Je ne serais pas fâché, si le pré de Monsieur le Curé d'Armillac se vend, de l'acheter. Je vous prie donc, s'il n'est pas encore vendu, de faire une offre au district de Lauzun, parce que ce pré conviendrait très fort à ma métairie d'Armillac.

Ne m'oubliez auprès de personne. J'embrasse tendrement ma femme et mon fils.

Je suis... etc ..

N° 14   *A Périgueux, le 13 février 1821.*

Je suis fort aise, mon cher L'Église. d'avoir pu vous donner des preuves que je n'ai pas oublié la manière distinguée avec laquelle vous avez toujours servi. Cela me fait espérer qu'à la fin on vous rendra justice. Faites-moi le plaisir de me mander le résultat de vos démarches pour la grâce qui vous est si légitimement due (la croix de Saint-Louis.)

Voici la copie du certificat que j'ai adressé : je certifie que M. Pierre de L'Église est entré sous-lieutenant au régiment d'Austrasie le 28 octobre 1779; que, sur ma proposition pour la place de capitaine, il y fut promu le 15 septembre 1791 ; que cet officier a fait les sept campagnes dans l'Inde ; qu'il fut blessé par une balle qui lui traversa la cuisse, à la bataille de Goudelour, le 13 juin 1783, dont il est resté estropié ; qu'à la fin de 1791 il fit une maladie très grave à Thionville. Je fis la demande d'un congé au Ministre, pour ce brave officier; ne la recevant pas, j'exposai sa position à M. de Belmont, commandant la 3ᵉ division à Metz qui lui permit d'aller chez lui. Après l'année 1793, il n'a plus figuré dans les états du régiment d'Austrasie (8ᵉ de ligne), sans avoir donné sa démission. Je puis aussi affirmer que M. de L'Église a toujours servi avec beaucoup de zèle et de bravoure, une constante moralité et un dévouement sans bornes envers le Roi et son auguste famille.

Recevez, mon cher L'Église, l'assurance de mon très sincère attachement. Si MM. vos frères sont près de vous, rappelez-moi à leur souvenir.

Signé : Comte DE CHALUP,
Ancien colonel du régiment d'Austrasie.

L'ORANGE DU ROI D'ESPAGNE

Résumé d'une vieille chronique.

———◆———

Je dois à l'extrême obligeance de Monsieur Lagrange de
Besse, de Ferrensac (Lot-et-Garonne), que je suis heureux de
pouvoir remercier ici, la communication du manuscrit de cette
chronique. Je n'en donne que le résumé.

Lorsque Charles II, roi d'Espagne, le dernier de ceux de
la maison d'Autriche, après avoir fait et défait plusieurs
fois son testament, eut enfin choisi pour son successeur,
Philippe, duc d'Anjou, petit fils de Louis XIV ; lorsque
le mot célèbre : *mon fils il n'y a plus de Pyrénées*, eut été
prononcé, le jeune prince, sous le nom de Philippe V, se
mit en route pour Madrid, le 4 décembre de l'année 1700.

Il était accompagné de ses deux frères, des ducs de
Beauvilliers et de Noailles, qui devaient le quitter à la
frontière, et d'une escorte qui avait pour mission de le
protéger et de le conduire jusque dans sa capitale. Daniel
de L'Église de Lumeilloux faisait partie de cette escorte,
commandée par MM. de Vandeuil et de Montessan.

Philippe V s'arrêta pendant quelques jours à Bazas. Les
magistrats de cette ville, désireux de recevoir dignement
le nouveau Roi d'Espagne, donnèrent en son honneur de
grandes fêtes, auxquelles ils convièrent l'aristocratie de la

région. Monsieur de Besse, sieur de Lanique, qui habitait Saint-Barthélemy, et jouissait dans le pays d'une grande considération, s'y rendit avec sa fille unique Marguerite (en famille Margouton), alors âgée de dix huit ans, et remarquable par son esprit et sa beauté. Elle produisit une grande impression à Bazas et, parmi les courtisans de Philippe, au milieu de cette brillante jeunesse empressée autour de sa personne, elle aurait pu faire choix d'un époux. Mais, absolument dévouée à son père, qui ne voulait pas s'en séparer en la mariant loin de lui, elle écarta tous les prétendants.

A la suite d'un bal, où il avait dansé avec elle, le Roi lui fit cadeau d'une orange cerclée d'argent, surmontée d'un cachet de même métal. Ce cachet représente un cœur traversé par deux flèches croisées et entouré de cette légende : « *Je ne l'ai pas sans envie* »; plus bas, on lit : « *Margouton de Besse* ». Quatre larges feuilles d'argent couvrent le sommet de l'orange. Sur la première sont gravées trois fleurs de lis; sur la seconde, un lion; sur la troisième, une porte de ville surmontée de trois tours, et sur la quatrième, une couronne royale. L'orange est supportée par un socle qui est aussi en argent et sur lequel est gravée l'inscription suivante : « *Don du Roi d'Espagne, 1700, à M. d. B.* »

Longtemps après ce voyage, Margouton n'étant pas encore mariée, M. de Besse donna, dans sa maison de Saint-Barthélemy, une grande soirée, à laquelle il invita tous les gentilshommes du pays, qui prétendaient à la main de sa fille, et parmi lesquels elle pouvait faire son choix, car elle était, en même temps qu'une fort jolie personne, la plus riche héritière de la contrée.

Le même jour, devant une auberge de la ville, descendit de cheval un bel officier qui avait jadis fait partie de l'escorte de Philippe V. Daniel de L'Église, arrivant de Casteljaloux, faisait étape à Saint-Barthélemy, pour aller joindre, le lendemain, à Cahuzac, le baron de Bony, son compagnon d'armes et regagner ensemble leur garnison.

Après le souper, l'aubergiste, maître Combeau, plein de prévenances pour ce gentilhomme de haute mine et d'humeur aimable, vint causer avec lui et l'entretint de la grande nouvelle qui occupait tout Saint-Barthélemy : le bal de M. de Besse. Il l'engagea à se présenter dans cette maison où l'on serait sûrement très heureux de l'accueillir et de le voir assister à la fête ; lui vanta les grâces de la jeune fille et sa belle fortune, sans négliger de faire ressortir le peu de goût qu'elle avait pour les gentilhommes des environs.

Daniel de L'Église se rappela, tout de suite, celle qu'il avait rencontrée et remarquée à Bazas et qu'on avait surnommée, dans l'entourage du jeune Roi : *la belle agenaise.* Charmé par l'idée de la revoir et de passer une soirée agréable, hors de son hôtellerie, il s'empressa de mettre ordre à sa toilette et se fit conduire chez M. de Besse.

Il y fut reçu avec la plus vive satisfaction et cette exquise politesse qui distinguait la société d'alors. Son entrée au bal fit sensation. Présenté à la jeune fille, il fut frappé, de nouveau, par sa beauté et chercha à lui plaire. Il dansa et causa avec elle et crut remarquer qu'elle lui témoignait quelque préférence. De son côté le père le trouva charmant, comprit que sa fille lui plaisait et qu'il était bien capable de fixer son choix. En voyant Margouton au bras de Daniel, les dames âgées murmuraient : quel beau couple ! Et déjà entrevoyaient un joli mariage.

A la fin de la soirée, M. de Besse s'approchant du jeune officier lui dit : j'espère, Monsieur, que vous me ferez

,l'honneur d'accepter l'hospitalité que je viens vous offrir. Vous êtes logé chez de très braves gens, mais qui ne sont pas en mesure de recevoir, comme il convient, un homme de votre naissance. Veuillez donc occuper un appartement dans ma maison et m'accorder la faveur de vous garder un jour de plus, afin que je puisse cultiver votre connaissance dont un heureux hasard vient de me procurer l'avantage. Ainsi donc, trêve de remerciements, il est convenu que vous couchez ici et que vous nous donnez la journée prochaine.

Après quelques façons, Daniel de L'Église accepta cette offre gracieuse. Retiré dans sa chambre, il ne dormit point, malgré la fatigue du voyage. La douce image de Marguerite était toujours devant ses yeux, troublant son esprit, agitant son cœur. Dans son imagination obsédée, mille projets surgissaient, auxquels il entrevoyait mille obstacles. Si la nuit lui parut bien longue, la journée du lendemain lui sembla très courte, car elle fut comme le prélude de son bonheur et décida de son avenir. Dans la matinée M. de Besse, voulant connaître les dispositions de sa fille, eut avec elle un entretien particulier :

— Eh bien ! mon enfant, que dis-tu de notre fête ? T'es-tu bien amusée ?

— Notre fête était charmante et j'y ai pris beaucoup de plaisir.

— Et que penses-tu des jeunes gentilshommes, l'élite du pays, présents à cette soirée ? En as-tu remarqué quelqu'un ? Explique-toi, avec franchise. Tu sais que mon plus ardent désir est de te marier comme il faut et suivant tes préférences. Entre tous ces prétendants tu as la faculté de choisir et j'accepterai pour gendre celui que tu me désigneras.

— Je dois vous dire, mon cher père, que parmi ces

jeunes gens, il n'en est pas un seul qui me plaise et que je suis fatiguée de leurs fades galanteries.

— Et M. de L'Église ?

Ici la jeune fille rougit et se troubla.. . — M. de L'Église est un cavalier accompli, bien différent des autres, mais je doute qu'il prétende à ma main. Il ne me connaît pas, il m'a parlé hier pour la première fois, et ses paroles ont été de celles qu'il eût adressées à toute jeune fille.

— Tu raisonnes d'une façon sensée, mon enfant, mais j'ai des motifs de croire que ce jeune homme est épris de toi Je sais que sa famille jouit d'une très haute considération et, s'il se déclare et veut accepter mes conditions, je serai heureux de le voir devenir ton mari.

Quelques instants après, M. de Besse eut un entretien avec Daniel de l'Eglise, qui, tout d'abord ému et hésitant, finit par lui ouvrir franchement son cœur : — J'aime et j'aimerai toute ma vie Mademoiselle votre fille. Je proteste que mon plus ardent souhait serait de m'unir à elle, si je pouvais avoir le bonheur de lui plaire.

— Ma franchise égalera la vôtre, répondit M. de Besse. Je veux établir ma fille, mais à deux conditions :

1° Elle restera près de moi ;

2° Elle choisira elle-même son mari.

Voyez si la première ne met pas un obstacle absolu à vos projets. Quant à la seconde, elle regarde ma fille seule.

Sollicité de rester deux ou trois jours à Saint-Barthélemy, Daniel de L'Église fut obligé de refuser. Ses devoirs militaires l'appelaient et il ne voulait pas manquer à la discipline.

A midi, au repas de famille, Marguerite parut belle et séduisante comme toujours. Daniel de son côté se montra spirituel et aimable. Le dîner fut plein d'entrain et de gaîté. Les jeunes gens semblaient se comprendre et s'entendre à merveille.

Au moment des adieux, en prenant congé de ses hôtes, le jeune voyageur exprima l'espoir d'un prochain retour, lorsqu'il aurait satisfait aux exigences de son service. Il ne manqua pas de tenir ses promesses et revint quelques temps après, pour faire une démarche décisive. La partie était gagnée d'avance, les conditions acceptées de part et d'autre, et le mariage eut lieu le 15 février 1705.

L'orange du Roi d'Espagne a été conservée dans la famille de L'Église jusqu'à la fin du XVIII° siècle. Pierre de L'Église la donna à M. Besse de Belleprade, descendant d'une Branche latérale. A la mort de ce dernier, le 24 avril 1845, l'orange a passé entre les mains de M. V... l'un de ses héritiers.

On rapporte que Pierre de L'Église, lorsqu'il voulait accorder une grande faveur à ses petits fils, leur disait : Si vous êtes sages, je vous montrerai l'orange du Roi Philippe.

TABLE

Bordeaux. — Imp R. Coussau. rue Gouvion. 20.

www.ingramcontent.com/pod-product-compliance
Lightning Source LLC
Chambersburg PA
CBHW052209270326
41931CB00011B/2276